叫我第一名

原書名：奧運金牌的故事

○○○ 序言

　　一百多年前，在所有人的翹首期盼下，人類體育史上和人類歷史上最公正、最和平、最博大的節日的一次盛會在希臘拉開了帷幕，這就是奧運會，從此以後，開始了人類百年來的運動競技。歷經百年興衰，雖然它也曾經止步，曾經成為強權的傀儡，但它終究歸於人們最初的期望，用它那最博大的胸襟，迎接著來自世界各地的人們。我們為什麼愛它？因為它不計較種族，不歧視弱者，不害怕權威，它歌頌平等，它祝福和平，它只向人類不息的奮鬥精神致敬。

　　也就是從一百多年以來，人類的英雄榜上突然多了許多名字，他們性別不同、膚色各異，他們來自不同的領域，但他們有著一個共同的名字——奧運冠軍。自從有了他們的存在，人們就找到了堅強與奮鬥的同義字；自從有了他們的存在，人們才知道，人究竟有多麼偉大、多麼不屈；自從有了他們的存在，人們才知道，原來身體的律動可以如此的美麗、如此的剛強，原來信仰的綻放可以如此的耀眼、如此的莊嚴。我們為什麼愛那些奧運冠軍們？因為他們代表著努力、奮鬥、勇氣和堅強，他們代表著人類永不止息的前進和全部生命的勃發。

　　當雙腿險些被鋸掉的戴維絲重新站上100公尺跑道，並一舉奪金的時候；當小兒麻痺症的魯道夫在奧運的賽場上盡情奔跑的時候；當三十多歲的丘索維金娜還一次次出現在體操比賽現場的時候，甚至是當湯米・史密斯高高舉起他那代表著正義與平等的拳頭的時候，誰能不為他們歡呼呢？這是信念的偉大勝利，這是精神的永恆閃耀，這是人類用自己的全部勇氣和信仰所譜寫出的一首首生命之歌。

　　如果你未曾被他們所感動，那麼一定是你還沒有讀過這本書，所以你還不知道，奧運場上幸福笑容的背後，是生命的一次次跋涉、奮鬥與成長，所以你還不知道，那些讓人羨慕的成功背後，是怎樣用信念和勇氣堆砌出來的艱辛歷程。如果你也想感受生命的熱情，如果你也想擁有奮鬥的勇氣，如果你也想享受成功的快樂，那麼，請打開這本書，認真感受這些關於勇氣、奮鬥、愛和堅持的故事。

○○○ 目錄

奧運會的由來

　　最早的奧運會可以追溯到遠古的希臘神話。據說，古代奧林匹克運動會是為了祭祀宙斯而定期舉行的體育競技活動。也有傳說說，這與宙斯的兒子赫拉克勒斯有關。赫拉克勒斯力大無比，有「大力神」之稱。他完成了伊利斯國王的囑託，為他清掃乾淨了他堆滿牛糞的牛棚，但國王出爾反爾，不想履行贈送他300頭牛的承諾，於是憤怒的赫拉克勒斯趕走了國王。為了慶祝自己的勝利，他在奧林匹克舉行了第一屆運動會。

　　而另一個流傳更廣的故事是這麼說的，古希臘伊利斯國王為自己的女兒選親，要求求婚者和自己比賽戰車。先後有十三個青年喪生於國王的長矛之下，當大家都畏懼不敢上前的時候，公主的心上人，宙斯的孫子佩洛普斯出現了。他勇敢的戰勝了國王，和公主在奧林匹亞的宙斯廟前舉行了盛大的婚禮，婚禮上安排了戰車、角鬥等項目比賽。這就是最初的古奧運會，而佩洛普斯也就成了古奧運會傳說中的創始人。

　　實際上，奧運會應該起源於戰爭中人們對和平的渴望。西元前9～8世紀，希臘總共有200多個城邦，各個城邦之間連連混戰，紛擾不斷，常年不休的戰事讓人民感到疲憊和厭倦，他們渴望和平，渴望休養生息。終於，到了西元前884年，順應民意的斯巴達王和伊利斯王簽訂了「神聖休戰月」條約，約定每四年舉行一次競技大會，在比賽期間，交戰的各城邦都必須休戰。

　　西元前776年，第一屆奧運會在奧林匹亞舉行了。第一屆古奧運會只有一個項目，就是192.27公尺的短跑，多利亞人克洛斯在比賽中取得了勝利，

他也成為國際奧林匹克運動會榮獲第一個項目的第一個桂冠的人。

從西元前776年到西元392年，古奧運會共經歷了1168年，舉行了293屆。到了西元393年，入侵的羅馬皇帝認為奧運會有違基督教的宗旨，禁止了奧運會的舉行，並毀掉了奧運會賽場。這延續了一千多年的盛況，就這樣無聲的沉寂了。

14世紀初，歐洲的文藝復興讓人們開始把眼光重新投向奧運會，義大利的早期活動家馬泰奧·帕爾米里亞在1450年時就提出要重辦奧運會，宣傳古奧運會和平與友誼的精神。從這一時期開始，對於奧林匹亞的考古開始受到重視。1852年，德國人庫齊烏斯率領的考察團，進行了長達6年之久的挖掘，獲得了大量文物和史料，使被湮埋多年的奧林匹亞村得以重見天日。1月10日，庫齊烏斯在柏林宣讀了以「奧林匹亞」為題的考察、挖掘報告，建議把這個運動會恢復起來。

庫齊烏斯的報告引起了社會的熱烈迴響，也吸引了法國一個年輕人的注意。這個人叫皮埃爾·德·顧拜旦，是法國的一名教育家。古奧運會的和平友誼精神讓他大為振奮，面對著剛剛在普法戰爭中失敗的祖國，他開始萌發出體育救國的理想，從此，他開始向全世界呼籲，復興奧林匹克運動。

1891年，顧拜旦創辦了《體育評論》雜誌，開始積極宣傳他對體育的熱情和舉辦奧運會的主張。1892年，顧拜旦遍訪歐洲，宣傳奧林匹克理想。同年11月25日，在慶祝法國體育運動協會聯合會成立5週年大會上，他第一次公開和正式的提出了創辦現代奧運會的倡議，他指出，現代奧運會應該發揚古代奧運會團結、和平和友誼的宗旨，向所有國家、地區和民族開放，並在世界各地輪流舉辦。

在當時，人文思想的勃發和資本主義工業化的影響已經讓體育運動成為

一項有著全民基礎的活動，各種體育協會也已經應運而生，為奧運會的舉辦奠定了良好的基礎。同時，從1859年開始，希臘已經先後舉辦了四次泛希臘奧運會，但因為組織不善，又僅限希臘本國人參加，這幾次運動會沒能繼續發展，但運動會的舉行，卻給了人們重辦奧運巨大的熱情和希望。

1894年6月16～24日，在巴黎舉行的國際體育大會上，15國代表決議通過，每4年舉行一次奧林匹克運動會。從此，現代奧運會在一千多年的中斷之後，正式拉開了帷幕。

1896年4月6日～15日，第一屆現代奧運會在它的故鄉——希臘雅典舉行了。這次奧運會共有13個國家311名運動員參加比賽，比賽的第一天，美國的詹姆斯‧康諾利贏得三級跳遠的金牌，成為1500多年來首位奧運冠軍，而一名來自希臘的牧羊人路易士，則在對祖國意義最深遠的馬拉松比賽中獲得了金牌。

從此以後，奧運會就開始磕磕絆絆的一路前行，儘管有著禁藥醜聞纏身，有著負債虧空的前車之鑑，但對於人類身體極限的挑戰，對「更快、更高、更強」的渴望，以及對和平、友誼與平等的夢想，卻是人類終其一生也不會停止的追求。

歷屆奧運會舉辦時間及地點一覽表

歷屆奧運會	開幕時間	閉幕時間	舉辦地點
第一屆	1896年4月6日	1896年4月15日	希臘雅典
第二屆	1900年5月14日	1900年10月28日	法國巴黎
第三屆	1904年7月1日	1904年11月23日	美國聖路易斯
第四屆	1908年4月27日	1908年10月31日	英國倫敦
第五屆	1912年5月5日	1912年7月27日	瑞典斯德哥爾摩
第六屆	柏林（因第一次世界大戰停辦）		
第七屆	1920年4月20日	1920年9月12日	比利時安特衛普
第八屆	1924年5月4日	1924年7月27日	法國巴黎
第九屆	1928年5月17日	1928年8月12日	荷蘭阿姆斯特丹
第十屆	1932年7月30日	1932年8月14日	美國洛杉磯
第十一屆	1936年8月1日	1936年8月16日	德國柏林
第十二屆	先東京，後赫爾辛基（因第二次世界大戰停辦）		
第十三屆	倫敦（因第二次世界大戰停辦）		

歷屆奧運會	開幕時間	閉幕時間	舉辦地點
第十四屆	1948年7月29日	1948年8月14日	英國倫敦
第十五屆	1952年7月19日	1952年8月3日	芬蘭赫爾辛基
第十六屆	1956年11月22日	1956年12月8日	澳大利亞墨爾本
第十七屆	1960年8月25日	1960年9月11日	義大利羅馬
第十八屆	1964年10月10日	1964年10月24日	日本東京
第十九屆	1968年10月12日	1968年10月27日	墨西哥墨西哥城
第二十屆	1972年8月26日	1972年9月11日	德國慕尼黑
第二十一屆	1976年7月17日	1976年8月1日	加拿大蒙特婁
第二十二屆	1980年7月19日	1980年8月3日	蘇聯莫斯科
第二十三屆	1984年7月28日	1984年8月12日	美國洛杉磯
第二十四屆	1988年9月17日	1988年10月2日	韓國漢城
第二十五屆	1992年7月25日	1992年8月9日	西班牙巴塞隆納
第二十六屆	1996年7月19日	1996年8月4日	美國亞特蘭大
第二十七屆	2000年7月19日	2000年8月4日	澳大利亞雪梨
第二十八屆	2004年8月13日	2004年8月29日	希臘雅典
第二十九屆	2008年8月8日	2008年8月26日	中國北京

第一章

自強不息，堅持下來就能贏

翻開那些奧運冠軍們的故事，你會發現，雖然成功的方式有很多種，可是所有人都離不開那個最基本的元素——堅持。堅持下來，才能看到希望的曙光，堅持下來，才能贏得勝利的喝采。

「漫長的馬拉松」卡洛斯・洛佩斯
成功永遠不會晚

奧運金牌得主小簡介：

卡洛斯・洛佩斯於1984年在洛杉磯舉行的第23屆奧運會上，奪得馬拉松金牌，這也是葡萄牙歷史上第一面奧運會田徑金牌。

姓名：卡洛斯・洛佩斯（Carlos Lopes）

性別：男

生日：1947年2月18日

籍貫：葡萄牙

項目：田徑

輝煌戰績：

1976年在威爾斯舉行的世界越野賽中，他首次奪得世界冠軍。接著他
　　　　參加了蒙特婁奧運會，獲得10000公尺長跑亞軍；

1982年第二次獲得世界越野賽冠軍；

1984年洛杉磯第二十三屆奧運會田徑比賽中，卡洛斯・洛佩斯以2小時
　　　　09分21秒的成績奪冠；

1985年第三次奪得世界越野賽冠軍，並在鹿特丹國際馬拉松邀請賽上
　　　　以2小時7分12秒奪冠，成為首位跑進2小時8分的馬拉松選手。

　　至今為止，最快的馬拉松成績的創造者並不是在長跑項目上佔有無比優勢和眾多榮譽的非洲人，而是一個葡萄牙人，他就是卡洛斯・洛佩斯。

　　1947年2月18日卡洛斯・洛佩斯出生於葡萄牙維塞島市的維爾德莫尼奧斯鎮。生活於一個貧困的農民家庭，洛佩斯很小便要開始幫家裡工作，幫忙放羊。在田野裡放牧的生活成為他日常的工作，也成為他最大的愛好，因為他可以無拘無束、自由地奔跑。這每天來回奔跑的生活給了他矯健的雙腿，也讓他深深地愛上了奔跑。

　　上了中學，洛佩斯天賦的運動才華很快便被他的體育老師發現了，老師推薦他進了里斯本的體育俱樂部，從此，洛佩斯開始了他的職業體育生涯。洛佩斯非常珍惜這得來不易的機會，加上起步比其他人都要晚，他訓練的比誰都要刻苦。

漸漸的，洛佩斯開始嶄露頭角，他在葡萄牙國內的田徑比賽中多次獲獎，成為國內一流的運動員。但奇怪的是，每次參加國際比賽時，洛佩斯總是戰績不佳，屢屢失敗。然而，面對這一切，洛佩斯始終堅信，依靠自己的努力，他是能夠獲得最後的成功的，沒有達到自己心中的目標，他是無論如何也不會放棄的。

熟悉賽跑這項運動的人都知道，對於一個長跑運動員來說，20歲出頭才是最好的年齡，這個時候的身體素質正處在黃金時期，一旦過了這個年紀，身體狀況就開始走下坡，要超越自己之前的成績是很困難的。可是，對還沒有贏過國際比賽的洛佩斯來說，他的運動生涯正當時，他還沒有實現自己的夢想。

終於，在威爾士舉行的世界越野賽中，堅持不懈的洛佩斯迎來了他的第一個世界冠軍。此時的洛佩斯已經是29歲「高齡」的運動員了，這是一個理應退役的長跑運動員年齡，但對洛佩斯來說，這不過是他光輝生涯中的一個起點而已。他再接再勵，很快又在第21屆蒙特婁奧運會上，獲得了10000公尺長跑的銀牌。

很多人都覺得洛佩斯可以結束自己的運動生涯了，一塊銀牌對很多人來說，已經可以算是生命中無比的榮耀了，何況洛佩斯的年紀也註定了他不會再有新的成績了，幾乎所有人都斷定，洛佩斯可以功成身退了。

不幸接踵而至。洛佩斯還沒有說結束的時候，他的跟腱卻因為傷患而不得不進行手術。迫於無奈，他只能停止訓練和比賽，在很長的一段時間裡，他都無法繼續他的長跑生涯，就這樣銷聲匿跡於田徑場。

當所有人都以為他們會告別賽場上的洛佩斯的時候，他再次出現在眾人的面前。恢復健康的洛佩斯再次投入到訓練當中，渴望著下一次的成功。

1982年，35歲的洛佩斯再次回到了賽場。這次，幸運開始眷顧這位永不言棄的老將，或者應該這麼說，他的執著終於獲得了回報。在一系列的國際比賽中，他都獲勝了。1982年，37歲的洛佩斯第2次獲得了世界越野賽冠軍。

兩年後的1984年，洛佩斯又來到了洛杉磯參加第23屆奧運會的馬拉松比賽。賽前，沒有一個人看好他，甚至是葡萄牙本國的人也不相信洛佩斯還能有什麼成績，因為在這之前，他總共才參加過三次馬拉松比賽，而且在比賽前的15天，他還遭遇了一場車禍，手肘被擋風玻璃劃傷了，對一個37歲的人來說，這些恐怕都會成為他無法逾越的障礙。

也許正因為如此，我們才會讚頌洛佩斯所創造的奇蹟。在馬拉松的最後5公里，他僅僅用了14分33秒就跑完了，當他第一個跑進賽場的時候，全場都沸騰起來，為了這個不屈的健將。就這樣，洛佩斯拿到了馬拉松比賽的冠軍，他生命中的唯一一面奧運會金牌，也是葡萄牙歷史上的第一面奧運會田徑金牌。

38歲的時候，這永遠也不服老的健將再次驗證了他不老的神話。他第3次奪得了世界越野賽冠軍，還在鹿特丹國際馬拉松邀請賽上創造了2小時7分12秒的世界最好成績，奇蹟般地突破了2小時8分鐘的大關，並被評選為「世界最佳運動員」。

也許馬拉松這項運動最能證明洛佩斯的成功所在，最後的贏家才是最好的，成功永遠也不嫌晚。

心靈思考

「老驥伏櫪，志在千里」，時間和年齡永遠都不是失敗的藉口，成功什麼時候也不會遲。不要用太晚了做藉口，要開始做一件事，現在就是最好的時候。太公八十遇文王，方才成就一番驚天動地的大事業，對洛佩斯來說也是一樣，他從來不覺得自己年紀已大，他只知道，如果他現在不努力的話，那他就是喪失了最好的機會，所以，他成功了，他站上了世界最高的領獎台。

所以，永遠不要覺得來不及，只要你有心，任何時候都是最好的開始。時候的早晚並不能阻礙你前進的腳步，不要拿時間來做藉口，你不敢開始只是因為你膽怯，你害怕自己不能夠成功。如果害怕失敗，不妨看看洛佩斯吧，也許他能夠給你勇氣，讓你勇於面對人生中一次又一次的挑戰。現在就是開始的最好時機，鼓起勇氣來吧，當你選擇了開始，那你已經成功了一半。

奧 運 小 知 識

奧林匹克五環（Olympic Symbol）：

奧林匹克五環標誌是由皮埃爾・德・顧拜旦於1913年構思設計的，它是世界範圍內最為人們廣泛認知的奧林匹克運動會標誌。五個不同顏色的圓環代表了參加現代奧林匹克運動會的五大洲——歐洲（藍色）、亞洲（黃色）、非洲（黑色）、大洋洲（綠色）和美洲（紅色）。每一個參加奧林匹克運動會的國家都能在自己的國旗上找到至少一種五環的顏色。

「體操王子」李寧
敢拼才會贏

奧運金牌得主小簡介：

李寧於1984年在美國洛杉磯舉辦的第23屆奧運會上，榮獲男子地板、鞍馬和吊環3項冠軍。

姓名：李寧（Li Ning）

性別：男

生日：1963年9月8日

身高：164公分

體重：58公斤

籍貫：中國廣西柳州

項目：體操

輝煌戰績：

1973年參加全國少年體操比賽，獲得地板冠軍和雙槓第4名；

1981年獲全國分區賽全能、單槓、雙槓、鞍馬、吊環5項冠軍；

1981年在世界大學生運動會上，獲地板和鞍馬冠軍、全能第5名；

1981年在第21屆世界體操錦標賽上，獲全能第7名和單槓第5名；

1982年10月22日在南斯拉夫札格拉布市舉行的第6屆世界盃體操比賽中

　　　獲單槓、地板、跳馬、鞍馬、吊環和全能6項冠軍；

1982年11月在第9屆亞運會上，獲個人全能、鞍馬、吊環3項冠軍，並
　　與隊友合作奪得男子體操團體冠軍；

1983年在第22屆世界體操錦標賽上，與隊友合作，為中國男子體操隊
　　奪得第1個男子團體世界冠軍；

1983年在第5屆全國運動會上，以115.85分的總分奪得男子體操全能冠
　　軍；

1984年在第23屆奧運會男子體操單項比賽中奪得男子地板、鞍馬和吊
　　環3項冠軍；

1986年在韓國漢城舉行的第9屆亞運會上，與隊友合作，奪得男子團體
　　冠軍，個人奪得個人全能、吊環、地板3項冠軍。

　　1999年，當今世界最權威的體育新聞組織——國際體育記者協會為了慶
祝成立75週年，評選產生了「20世紀25名最佳運動員」。其中上榜的中國人
只有一位，他就是「世紀體操王子」——李寧。

　　1963年9月8日，廣西省柳州市一個普通的壯族教師家庭迎來了他們的第
二個孩子。這個小男孩愛唱也愛跳，似乎會和父親一樣走上音樂的道路。然
而，做中學音樂教師的父親和當圖書管理員的母親怎麼也不會想到，這個孩
子很快就會走上一條與他們的生活完全不同的道路。這個孩子，便是故事中
的主角李寧。

　　小時候的李寧就非常的調皮，只要爸媽不在家，他就會把被子從床上拖
到地上，在上面滾來滾去的。為這事，媽媽沒少打李寧的屁股，可是，不論
怎麼訓斥，李寧還是喜歡這麼做，他覺得這樣有趣極了。

很快，小李寧就讀小學了，可是他還是那麼的好動。當班長的時候，他要帶領著同學們過馬路，可是當同學們都老老實實排著隊過馬路的時候，他卻會打著一連串的側手翻，從馬路上翻過去，看得大家驚呼連連。

有一天，小李寧突然發現了一個秘密，一些高年級的同學放學了不回家，卻跟著體育老師進了一間空教室。小李寧好奇的跟過去想看個究竟，這才知道，原來他們是在練體操。從此，小李寧暗暗下了決心，他也要進體操隊。

可惜的是，學校不讓低年級的孩子進體操隊。小李寧又傷心又失望，卻更加堅定了要學習體操的念頭。幸運的是，當小李寧上二年級時，機會來了。

這天，廣西省壯族自治區體操隊的梁教練來學校了，他是來挑選有潛力的孩子的。有100多個孩子搶著到教練面前表現，翻跟斗、倒立、打側手翻。小李寧怎麼會放過這次機會呢，儘管是其中最矮的孩子，儘管動作也不夠正規，可是他一點也不怯場，反應快、素質好，梁教練很快就驚喜的發現，這是個有潛力的孩子，於是，小李寧被破例錄取為自治區體操隊隊員。

在體操隊的專業訓練中，李寧很快的成長了起來。1973年9月，剛滿10歲的李寧，來到南昌參加全國少年體操比賽，並出乎意料地奪得地板冠軍和雙槓第四名，引起了體操行家們的注意。

可是，正當李寧剛剛要起飛的時候，不幸卻接踵而至。他的右臂得了骨髓炎，接著左右肘關節受傷；手臂剛治好，膝蓋的韌帶又撕裂了，傷痛困擾著他，讓他無法正常的訓練。

更可怕的事情發生在1976年。訓練中的他不小心從雙槓上掉了下來，到了醫院檢查才發現，他的骨頭摔碎了，而且，一小塊骨片卡在了肘關節處，

使他的胳膊無法伸直。醫生惋惜的告訴這個小男孩，他以後不能再進行體操訓練了。

李寧不甘心，他每天捧著他那打著石膏的胳膊，坐在訓練室裡看人家練。越看他就越急，自己到底什麼時候才能練體操啊？想著想著，他突然眼前一亮：胳膊雖然不能動，可是我的腿還是好的嘛，我不是可以光練腿嗎？

說做就做，李寧又開始了他的訓練，只是這次的訓練和以前不太一樣，這次，他只練下半身，前空翻、後空翻、腰腹肌力量，還有跳板、彈網動作。教練得知後，趕忙叫李寧停止訓練，好好休養，但倔強的小李寧說，他不能休息，他要訓練，他以後還要參加比賽拿金牌呢！

教練被這堅強的小男孩打動了，他不再阻止他的練習，反而開始針對他的情況進行專門的指導。李寧也更加努力了，他不僅堅持訓練，也以堅強的毅力配合著醫生的治療，就這樣，他的傷勢奇蹟般地痊癒了。

1984年8月，洛杉磯奧運會的體操比賽正在進行著。前幾天的男團、男子全能基本上是全軍覆沒，整個體操隊都被失利的陰影籠罩著，因此，今天要上場參賽的李寧，壓力出奇的大。

輪到李寧了，他深呼吸，讓自己放鬆下來，平靜的走上了比賽場地。「湯瑪斯迴旋」、「雙槓大回環轉體180度成倒立」，他不負眾望，以自己獨創的高難度動作和完美的姿態完成了所有動作，並穩穩地落地。全場觀眾都被他完美無缺的動作震撼了，他們毫不吝嗇地將最熱烈的掌聲送給了他。

在地板比賽中，4個裁判為他打出10分；鞍馬比賽中，表現出色的李寧同樣得到了10分；吊環比賽他又以最高分奪得金牌。李寧，成為中國第一個在奧運會上一次奪得三面金牌的運動員，也成為奧運史上一座無法企及的高峰。

在李寧的體育生涯中，他總共奪得了106面金牌，多次榮獲「十佳」稱號和體育運動榮譽獎章，並被熱愛他的人們奉上了一個稱號——「體操王子」。

心靈思考

對很多人而言，能夠看到的只是李寧在台上的風光與耀眼，是「體操王子」那天才的表演和自信，可是，當舞台上的帷幕落下，誰又知道他背後的艱辛。對李寧來說，看似輕鬆的幾分鐘來自於之前數年，甚至於數十年的奮鬥與堅持。他從來就不是天才，他所依靠的，不過是比常人多一點點的堅持，多一點點面對挑戰的奮鬥勇氣。

壓力無所不在，困難總是來到，想轉身逃開的人，最終會被接踵而至的困難壓倒，只有那些頂住壓力，繼續向前的人，才能將困難踩在腳下，領略成功的風景。努力不是無關痛癢的空喊口號，不是貼在牆上自欺欺人的座右銘，奮鬥是一種長期的、堅強的意志，它需要在無數個日夜裡不斷的努力，最終鑴刻成我們心底永恆的信念。

奧 運 小 知 識

現代奧林匹克創始人（The Founder Of Olympic）：

法國教育家顧拜旦（Pierre de Coubertin）是公認的現代奧林匹克創始
人。1889年，顧拜旦參加在美國舉行的國際體育訓練大會時，認為近代體
育的發展正在走向國際化，應該藉助古希臘體育的經驗和傳統影響來推動
國際體育，於是產生了復興奧運會的想法。1892年11月25日，顧拜旦在慶
祝法國體育運動協會聯合會成立5週年大會上第一次公開和正式地提出創
辦現代奧運會的倡議。1894年6月16日至24日，根據顧拜旦的建議，來自
美、英、俄、希臘等12個國家的代表，參加了在巴黎索邦神學院舉行的
國際體育運動代表大會。這次會議通
過了成立國際奧會的決議，並規定每4
年舉行一次奧運會，以及遵循「業餘
運動」的決議。大會還規定奧運會的
比賽項目為田徑、水上運動、游泳、
賽艇、帆船、擊劍、摔跤、拳擊、馬
術、射擊、體操、球類運動等。

「小金剛」陳詩欣
尋找人生的目標

奧運金牌得主小簡介：

陳詩欣於2004年雅典奧運會上，獲得48公斤級跆拳道金牌。

姓名：陳詩欣

性別：女

生日：1978年11月16日

身高：166公分

體重：47公斤

籍貫：中華民國

項目：跆拳道

輝煌戰績：

1994年開曼群島世界盃　金牌

1996年巴西世界盃　金牌

2001年大阪東亞運動會　金牌

2001年越南世界盃　金牌

2002年日本世界盃　金牌

2002年釜山亞洲運動會　金牌

2004年泰國雅典奧運亞洲區資格賽　金牌

2004年荷蘭國際公開賽　金牌

2004年雅典奧運　金牌

　　陳詩欣成長於一個跆拳道家庭中，父親陳偉雄是一位著名的跆拳道教練。因為所處的年代不同，父親從來就沒能參加國際性比賽，為此，他將所有的希望都寄託在三個女兒身上，希望她們能夠彌補他的遺憾，為此，身為家中的長女，陳詩欣五歲便進入了跆拳道館，開始了一連串有系統的跆拳道訓練。

　　父親是個嚴格的老師，從一開始，他就讓陳詩欣和比她重十公斤的男選手對練。父親總是說：「訓練陳詩欣之前，我有兩個學生都獲得了世界冠軍，所以我不相信，我的女兒會不行！」

　　可是，陳詩欣也是個倔強的女孩子。有一次，父女倆又吵了起來。結果，陳詩欣一賭氣，居然從家裡2樓陽台縱身跳了下去。父親大為緊張，立刻衝下去看，一邊跑還一邊想，這下完了，腿肯定摔斷了。誰知道到了樓下一看，人早就不見蹤影了。難道有輕功？陳偉雄是又氣又愛。

　　與生俱來的天賦加上刻苦的訓練，讓陳詩欣很快便嶄露頭角，1994年，16歲的她首次代表台灣參賽，便獲得了世界盃冠軍，2年之後，她再次在巴西世界盃上拿到了冠軍獎盃。身為歷史上最年輕的跆拳道女子世界冠軍，她被國際跆拳道界譽為「天才少女」。然而，18歲正是貪玩愛鬧的年紀，她卻還要困在訓練館裡，每天重複那枯燥乏味的練習，輕易獲得的榮譽讓陳詩欣開始對跆拳道這項運動產生了倦意，於是，她逃離了訓練館，也逃離了家庭。

　　離家出走的陳詩欣第一份工作是當電玩店「小妹」，從此以後，她擺過地攤，做過傳銷，賣過檳榔。父親無數次的四處尋找她，可是覺得虧欠的陳詩欣卻一直不敢見父親，她知道為了她，父親幾乎放棄了鍾愛的跆拳道事業，變得消沉。她無數次偷偷來到家門前，卻沒有走進去擁抱家人的勇氣，

只能傷感的轉身離開。到了這個時候，她才真正的發現，原來跆拳道才是她的最愛，她只有在跆拳道上，才能感覺到快樂。

　　三年後的一天，正在看電視的陳詩欣突然看到了一個廣告，廣告的末尾打出了一行字：「子欲養而親不待」。陳詩欣被深深地觸動了，對於家的渴望和對父親的歉疚讓她終於鼓起了勇氣。1999年3月18日，在父親生日那天，離家三年的陳詩欣走進了家門。迎接她的，是家人們真誠而熱烈的愛的擁抱。

　　獲得新生的陳詩欣決定重回跆拳道賽場。經過了三年在外風吹雨打又缺乏系統訓練的她來說，這顯然是個艱難的決定，然而，陳詩欣沒有氣餒，她

希望用自己的行動告訴家人，她是真的重新振作起來了。她每天早上5時起床練體能，半夜還在複習功課，因為「浪費了太多的時間」，所以她要把一天當作兩天用。她比誰都刻苦，比誰都拼命，她要重獲人生的輝煌。

2001年的東亞運動會，重新出現在眾人面前的陳詩欣不負眾望，輕鬆摘得金牌，2003年世錦賽後，她又在奧運會亞洲區選拔賽上獲得冠軍。

2004年的雅典奧運會，短短六分鐘的時間裡，她用全部的熱情讓全世界見證一個迷途女孩的成長，掛上那面金牌的時候，她感嘆道：「這面金牌，遲到了四年。」

心靈思考

生活的道路從來就不是一帆風順的坦途，在不停的顛簸與流離中，很多人會失去目標，很多人會走上歧路。他們忘記了自己真正想要的是什麼，他們茫然無措，他們就在這永遠的猶豫中漸漸消沉，最終一事無成。從這個意義上來說，陳詩欣是幸運的，在一段時間的迷茫之後，她找到了自己的方向。

你是不是還在為自己該選擇什麼樣的道路煩惱？你不知道該何去何從？你不知道你已經付出了如此多心血的努力是否值得？如果你也有著這些猶豫和茫然的話，那就問問你自己的心吧！問問你自己，你的目標到底是什麼？你想要做的到底是什麼？當你真正有了一個明確而渴望的目標的時候，你會發現，你的周身充滿了動力，你不再畏懼一切的挑戰，你離成功是如此的近，近到你稍稍的一努力就能觸碰到它。

奧運小知識

奧林匹克格言（Olympic Motto）：

奧林匹克運動有一句著名的格言：「更快、更高、更強。」這一格言是顧拜旦的好友、巴黎阿奎埃爾修道院院長迪東（Henri Didon）在他的學生舉行的一次戶外運動會上，鼓勵學生們時說過的一句話，他說：「在這裡，你們的口號是：更快、更高、更強。」顧拜旦借用過來，將這句話用於奧林匹克運動會。

1920年國際奧會將其正式確認為奧林匹克格言，在安特衛普奧運會上首次使用。之後，奧林匹克格言「Citius，Altius，Fortius」便出現在國際奧會的各種出版物上。雖然只有短短的6個字，但奧林匹克格言卻充分表達了奧林匹克運動所宣導的不斷進取、永不滿足的奮鬥精神。

「六頭鳥」路易斯

做好每一次被擊倒的準備，
站起來的我會更強大

奧運金牌得主小簡介：

拳王路易斯於1988年在漢城舉辦的第24屆奧運會上，獲得拳擊金牌。

姓名：雷諾克斯・路易斯（Lennox Lewis）

性別：男

生日：1965年9月2日

身高：196公分

體重：108公斤

國籍：英國倫敦（後移居加拿大）

項目：拳擊

輝煌戰績：

1983年獲得世界青年拳擊冠軍；

1986年奪得英聯邦運動會拳擊冠軍；

1988年擊敗里迪克鮑奪得漢城奧運會拳擊冠軍，轉為職業拳手；

1989年兩回合擊倒馬爾科姆，獲得以英國公民身分參加的第一場拳擊
　　　賽勝利；

1991年擊敗加里・馬森，成為英國拳王和歐洲拳王；

1993年七回合擊敗弗蘭克·布魯諾；

1997年打敗麥考爾，奪回拳王金腰帶；

1998年擊敗布里格斯，第三次捍衛拳王稱號；

1999年成為世界拳王；

2001年在重賽中四回合擊倒拉曼，奪回拳王頭銜；

2003年衛冕世界拳擊理事會重量級拳王。

　　2004年2月6日，現WBC（世界拳擊理事會）重量級拳王、英國拳手路易斯召開了新聞發表會，正式宣佈了退役的消息。路易斯的這個決定使他成為世界拳擊史上繼美國人吉恩·特尼和羅基·馬西亞諾之後第三位在擁有冠軍頭銜的情況下退役的拳手，也是近50年來首位急流勇退的世界拳王。從這一年開始，「路易斯時代」畫下了句號。

　　1984年的洛杉磯奧運會，年僅18歲的加拿大重量級拳手路易斯站在了無差別級比賽的決賽場上，他的對手，是美國選手比格斯。比格斯壓根就沒有將這個小傢伙放在眼裡，他很清楚，這個小伙子才僅僅練習了6年的拳擊，訓練時間不長，大賽經驗也不夠，完全和他沒得比。果然，比格斯沒有給路易斯一絲的機會，他輕鬆地拿下了冠軍。

　　賽後，一個加拿大記者問路易斯是否要轉入職業拳擊的時候，這個年輕的小伙子堅定的說：「不，等我到88年，我要拿金牌！」當時，職業運動員是不允許參加奧運會的，而職業拳擊則是一項極其受人關注且收入頗豐的行業，因此大部分的拳擊手都會選擇職業拳擊而不是奧運會，或者是像這屆奧運會上獲獎的比格斯等人，在拿到奧運金牌後，都迅速轉向了職業拳擊。因此，人們絕不相信路易斯能夠抵擋住金錢和榮耀的誘惑。

　　然而，他們都錯了。年輕的路易斯安靜地訓練了四年，這四年裡，他長到了196公分，他訓練出了無堅不摧的右手直拳，但他也在短短兩個回合中敗在了泰森的拳下。當他再次站在奧運會的決賽場上的時候，沒有一個人相信他這次能成功，要知道，他這次的對手是22歲的「大爹」——美國人里迪克·鮑。

　　最後的結果大家都知道了，路易斯的右直拳直接打在了里迪克的太陽穴上，雖然有頭盔，但他依然被打倒了。這個23歲的小伙子，就這樣完成了他的奧運冠軍之夢。

　　夢想成真的路易斯正式轉入了職業拳擊。他回到英國，開始了他另一個尋夢之旅——成為世界拳王。他找到了被稱為「美洲豹」的拳手拉多克，希望能夠當他的陪練，拉多克答應了他的請求。

　　很快，路易斯就發現，做拉多克的陪練並不是一件容易的事。拉多克賴以成名的是他的左上鉤，出拳迅速、有力，往往能把對手直接掀翻在地，就算是在訓練中，他也毫不手軟。路易斯已經不知道被打倒過多少次了，甚至有一次，他還被打暈了過去，留下了右下巴上永遠的後遺症。但是，就是在這無數次被打倒的過程中，他學習到了許多的技巧，開始逐漸成長為一個真正的拳王。

　　在回憶他的拳擊生涯的時候，路易斯說：「對，我有過痛苦的失敗——像所有真正偉大的人物一樣，但是，站起來的我往往變得更強大。我希望歷史記住我——我的成功和我的失敗。」就是在這不斷的失敗中，他開始漸漸的成長，一步步邁向了成功。

　　路易斯挑戰了曾經打敗他的比格斯，在這個還認為路易斯不足為懼，只是個手下敗將的人面前，他展現出了他無數次失敗下累積的全部成果，僅僅三個回合，他就將比格斯重重地擊倒在地。1992年10月，他又以狂風暴雨般的出拳讓拉多克倒在了自己的腳下，賽後，拳王福爾曼感嘆道：「只有路易斯能阻擋自己成為冠軍。」

　　橫空出世的路易斯震驚了世界拳壇，但他並沒有滿足，他的下一個目標，是新拳王里迪克‧鮑。然而奇怪的是，里迪克並不想和路易斯交手，他將金腰帶扔進了一個特製的垃圾桶，表明他放棄了拳王的稱號，於是WBC立刻將冠軍頭銜授予了路易斯，他就這樣輕鬆登上了拳王的寶座。

　　然而，拳王也會遭遇滑鐵盧，在路易斯41勝1平2負的輝煌戰績中，不免

也有失敗的時候。1994年9月24日，路易斯迎來了他的對手邁考爾，從實力上來說，邁考爾完全不是路易斯的對手，路易斯也並沒有把他放在眼裡，打算用2～3個回合結束戰鬥。誰知道，比賽中的邁考爾趁機擊中了路易斯的下巴，將之擊倒在地，贏得了比賽。

感到恥辱的路易斯並沒有自暴自棄，他開始反思自己失敗的原因，很快他就發現了，他缺乏一位優秀教練的指導。他看中了邁考爾的教練斯圖沃特，這個教練在短短的時間裡大大提升了邁考爾和霍里菲爾德的能力，於是，他挖角斯圖沃特，開始了新的訓練。

事實證明，路易斯的看法是對的。斯圖沃特很快便發現了路易斯的不少缺點，並為他進行了切實可行的訓練方案，8個月後，脫胎換骨的路易斯走出了訓練營，重新開始了他的傳奇。

對於這一切，路易斯說過：「多年的拳擊生涯使我覺悟到，在成為世界拳王的征程中絕無坦途。我忠告後來者們，應該做好一次又一次被擊倒的準備。」「在多年職業生涯中我學到了許多許多，其中很重要的一點就是：失敗不等於結束。我曾被擊敗過，但我每次都能夠重新振作。」正是因為學會了從失敗中汲取教訓，路易斯才能一步步走到今天。

在退休的新聞發表會上，路易斯動情地說：「我之所以退休，一個很重要的原因是，我熱愛，甚至可以說是尊敬這項運動。正因為如此，為了表達我的敬意，我不想在失去巔峰狀態後再離開拳台。以後應該是年輕人的時代了，後輩拳手理應獲得更多的機會。」這位拳王給我們留下來的，是一個不朽的傳奇。

心靈思考

　　拳壇上的勝負我們無須評說，但有一點卻是可以確定的，路易斯的成功正是來自於他從每一次失敗中學到的經驗，每一次被擊倒，都會讓他變得更強大。他也失敗過，但他的失敗只是讓他學會了更多的東西，讓他重新審視自己，讓他有更大的毅力和決心去獲取成功，於是，他成功了。誰敢說他不是勝利者呢？

　　人們為什麼喜歡看拳擊？因為它的結果是未知的，拳壇上沒有常勝將軍，人生也不是一帆風順，每個人都可能被擊敗，也都會被擊敗，可是，失敗並不可怕，這一回合敗了，還有下一回合，這一場敗了，還有下一場，人生不結束，希望也就不會消失。面對挫折與失敗，只要能學到東西，能夠讓自己成長，那就是成功，那就是進步。

　　懂得從失敗中學習經驗的人是聰明的人，他們懂得如何讓自己成長。他們不會因為失敗就灰心失望，因為他們知道，失敗所教給他們的東西，比成功所能教的更多，他們養精蓄銳，在失敗中一點一滴的吸收營養，進而讓自己更快、更好的成長，這樣，他們才能更輕鬆、更好的迎來成功。所以，成功就是這麼簡單。

奧運小知識

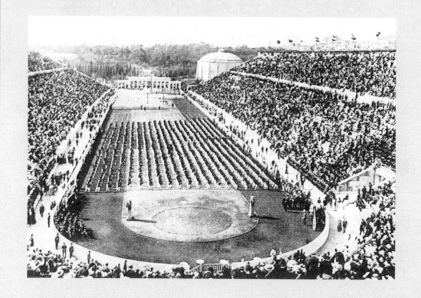

第一屆現代奧運會（The First Modern Olympic）：

第一屆現代奧運會於1896年在奧運的故鄉雅典舉行。古代奧運會的復興吸引了來自13個國家的選手參賽，最大的代表團來自希臘、德國、法國和英國。1896年4月6日，美國的詹姆斯‧康諾利贏得三級跳遠的金牌，成為1500多年來首位奧運冠軍，獲勝者獲得了一面銀質獎章和一枝橄欖枝。希臘人則在他們最為重視的馬拉松項目上獲得了金牌，這也是他們在此次奧運會上獲得的唯一一面金牌。

「六朝槍王」王義夫
成功來自於永不放棄

奧運金牌得主小簡介：

王義夫於1992年在巴賽隆納舉辦的第25屆奧運會上，榮獲男子空氣手槍慢射冠軍，又於2004年雅典奧運會上，奪得十公尺空氣手槍冠軍。

姓名：王義夫（Wang Yifu）

性別：男

生日：1960年12月4日

身高：176公分

體重：85公斤

籍貫：中國遼寧遼陽

項目：射擊

輝煌戰績：

1982年第9屆亞運會射擊比賽上獲自選手槍慢射空氣手槍第四名；

1984年第23屆奧運會射擊比賽上男子自選手槍慢射第三名；

1986年第10屆亞運會射擊比賽上男子自選手槍、男子空氣手槍兩項團
　　　體獲得冠軍；

1990年世界盃自選手槍慢射、10公尺空氣手槍冠軍；

1991年世界盃總決賽上獲得空氣手槍冠軍；

1992年巴賽隆納奧運會男子空氣手槍慢射冠軍，男子自選手槍慢射亞
軍；

1996年亞特蘭大奧運會男子空氣手槍亞軍；

2000年雪梨奧運會男子空氣手槍亞軍；

2000年馬來西亞亞洲錦標賽上破空氣手槍團體世界紀錄1757環；

2004年雅典奧運會男子10公尺空氣手槍金牌。

對很多中國人來說，看到王義夫再次出現在雅典奧運會的賽場上也許已經和金牌沒有關係了，他們所領略的，只是這個四十四歲老將身上的不屈與堅強意志，而對於王義夫本人來說，金牌卻是他延續了十多年的一個夢想，這個夢想或許有些淒涼和坎坷，卻從來沒有停息。

小時候的王義夫是個還有些許淘氣的孩子，和許多同年齡的男孩子一樣，他喜歡打彈弓，每天放學後，他就會拿著自製的彈弓到家附近的一個公園裡打鳥，父母說了他許多次，他不再打鳥，卻改為打母親從醫院拿回來的廢舊青黴素玻璃瓶。父母管不住他，無可奈何，卻驚訝的發現，他的準頭好極了，基本上不失手。

一次，軍人出身的父親去遼陽武裝部看望老戰友時帶王義夫同行，走進武裝部的小王義夫一下子彷彿進入了夢想中的神話世界，牆上是一排一排的步槍，這可都是真的槍啊！小王義夫怎麼也不肯走了，他摸著那些槍，愛不釋手，可是武裝部的槍不能拿走啊，小王義夫只好纏著父親，一定要一枝步槍。父親無可奈何，咬咬牙，花了一大筆錢給他買了一枝鳥槍。

自從父親給他買了槍之後，王義夫的熱情就更高了，他經常跑到林子裡

去打鳥，準頭還是一樣的高，可是後來禁止打鳥了，他就改打柴火垛子。父親的戰友看到他對射擊有這麼大的熱情，便主動提出，讓他去正規的靶場練習。這下可正合了王義夫的心願，雖然才讀小學，可是他卻每天一個人開開心心的跑到靶場去練習。靶場的路很遠，王義夫又沒有自行車，他就每天千里迢迢的跑過去練習，練完了再跑回家吃飯。雖然辛苦，可是對小王義夫來說，能讓他射擊他就很開心了。

16歲時，王義夫進了業餘體校，才經過短短一年的訓練，他就獲得了全國冠軍。人們都認為他是個射擊天才，可是只有王義夫自己清楚，他的訓練有多麼苦。每每訓練完了，槍被收起來的時候，他都還會舉著磚頭練習，這樣一練就是一整天。

1984年的洛杉磯奧運會見證中國代表團零的突破，當許海峰為中國摘得奧運首金的時候，人們都沉浸在這巨大的喜悅中，幾乎沒有人注意到這獲得銅牌的小伙子王義夫。不過，對這個不服輸的年輕人來說，銅牌可遠遠不是他要的結果，他還有著更大的夢想。

1988年的漢城奧運會，王義夫捲土重來，再次上陣，然而這次，幸運女神仍舊沒有眷顧他，他這次連獎牌也沒有獲得，鎩羽而歸。但失敗沒有讓王義夫氣餒，他養精蓄銳，繼續著日復一日的艱苦訓練，因為他只有一個信念：要繼續站在奧運會的賽場上。

皇天不負苦心人。1992年的巴賽隆納，王義夫意氣風發，連奪男子空氣手槍的金牌和自選手槍慢射銀牌，站上了最高的領獎台。但王義夫的生命註定要經歷坎坷，不幸接踵而至，奧運會後，王義夫就被檢查出了靜脈血管萎縮的毛病。這使得他大腦供血的血管只有正常人的三分之一粗，腦部供血嚴重不足的他經常出現頭暈、迷糊的症狀，而且一旦換環境休息不好的話，就

會發燒、臉腫。

　　就在所有人都認為他會放棄射擊的時候，王義夫再次出現在了亞特蘭大。很多人都不理解，既然已經拿到奧運會金牌了，他這是為什麼呢？可是對王義夫來說，只要他能夠戰鬥，他就會戰鬥到底，他將他全部的生命都奉獻給了射擊，他無法想像半途而廢會是什麼樣子。

　　因為突發的內耳道發炎引起頭痛和頭暈，王義夫是被擔架抬下飛機的。在亞特蘭大的賽場上，頭暈目眩的他每射一槍都慎之又慎，槍舉起了又放下，舉起了又放下，就這樣，他以3.8環的優勢遙遙領先。然而，就在最後一槍的時候，他突然眼前一黑，隨手打出一槍後，休克在場地上。這最後的6.5環讓他以0.1環的微弱差距痛失金牌，僅僅獲得了第二名。

　　對王義夫來說，銀牌絕不是他要的結果，他不認輸，他也從未認輸，他鼓起勇氣，再戰賽場，重新投入了新的訓練和比賽。可是成功從來都不會來得那麼輕易，2000年的雪梨奧運會上，他再次敗於法國選手杜摩林，獲得了銀牌。

　　對於這一切，王義夫說：「我們從事的是一項以勝負論英雄的運動，可是冠軍和非冠軍之間的差距很多時候都小得令人難以置信。只有充分體會了這個過程的人，才會知道每一個奧運會運動員的表現是那麼的難能可貴。射擊比賽，你大概永遠都聽不到發令槍，但每一次提示的哨音以及子彈出膛撞擊的聲音，就是一遍遍的發令槍，刺激你興奮的神經都集中到目標——那唯一一個點上。反覆做著同一個動作，好像永遠都沒有終點，只有一個信念。下一槍要爭取超過前一槍，而每一次都要超越自我。」正是這下一槍的信念，讓王義夫從來就不考慮放棄兩個字。

　　2004年的雅典奧運會，43歲「高齡」的王義夫捲土重來，第六次站在了奧運會的賽場上。在資格賽落後一環的情況下，這「六朝元老」不急不躁，穩定出手，在第九槍時以10.3環的成績拉平，並在最後一環以0.2環的優勢反超對手，贏得了這相隔12年之久的第二面金牌。當人們問起他如何能夠穩住心態反超的時候，這歷經百戰的老將說出了他的秘密：「我舉槍瞄了很長時間都沒有『出手』，我用餘光發現斯特魯夫的神情非常緊張，我決定讓他先射！其實比賽結束後想想當時只是選擇誰先承擔壓力，他如果射好了，壓

力豈不是就到了我的身上。那個時候只不過是賭一下心理，我覺得在射最後一槍前我的心情並不是很穩定，只好賭他也緊張嘍！」

隨後的頒獎典禮上，王義夫老淚縱橫，他終於為自己的體育生涯畫下了一個完美的句號。他終於可以無悔的說，他從來沒有放棄過，他成功了。

心靈思考

世界球王比利在創造了進球滿100個的紀錄時，有人問他：「您哪個球踢得最好？」比利笑了，意味深長地說：「下一個。」對王義夫來說也是一樣，下一槍才是他最好的一槍。一面奧運會金牌對他來說只是一個起點，他的歷程還很漫長，下一面金牌才是他此生的追求。他永遠都堅信自己的成長與努力，他很清楚，如果放棄了，那他的成績只能是零，只有不斷的堅持，才能讓他獲得進步、獲得成功。

因此，不要為曾經的成績沾沾自喜、故步自封，也不要因為偶爾的失敗而消極失望、止步不前。真正的失敗來自於自認失敗，只有自己能打倒自己，打倒我們的不是困難，是我們自己的怯懦、畏懼和放棄。只有堅持自己目標的人，才會擁有過人的勇氣，才會擁有無窮的耐心，也只有他們，才能撥開猶豫、退縮、失敗的迷霧，迎向勝利與希望的曙光。

如果你現在獲取了小小的成績，不要驕傲自滿，不要止步不前，下一個成果才是你奮鬥的目標，你的世界還很遼闊。如果你現在失敗了，不要灰心失望，不要自暴自棄，成功很害羞，它總是需要失敗來為它探路，還要堅持來做媒，這樣它才肯出現在你的面前，所以，堅持下去吧，你總是能成功的。

第二十九屆現代奧運會
（The Beijing 2008 Olympic Games）：

第二十九屆現代奧運會將於2008年8月8日至8月24日在中國北京舉行。本屆奧運會的口號是「同一個世界，同一個夢想」（One World, One Dream）。會徽是一方刻有人形的「京」字的中國印，以體現「舞動的北京」這一立意。吉祥物是分別以魚、大熊貓、藏羚羊、燕子和奧林匹克聖火為原型的五個福娃，名為「貝貝」、「晶晶」、「歡歡」、「迎迎」、「妮妮」，即「北京歡迎你」。

本屆夏季奧運會將設28個大項及302個小項，其中包括156個男子項目、127個女子項目及10個男女混合項目。與上屆雅典奧運會相比，這次共增加了兩個女子項目，增加了大約130名女運動員。

「游泳神童」菲爾普斯
堅持訓練才是不二法門

奧運金牌得主小簡介：

他奪得了2004年雅典奧運會的男子100公尺蝶式冠軍、200公尺蝶式冠軍、200公尺個人混合式冠軍、400公尺個人混合式冠軍、4×200公尺自由式接力冠軍、4×100公尺混合式接力冠軍共六面金牌。

姓名：麥可·菲爾普斯（Michael Phelps）

性別：男

生日：1985年6月30日

身高：194公分

體重：79公斤

國籍：美國巴爾的摩

項目：游泳

輝煌戰績：

2001年世錦賽200公尺蝶式冠軍並打破世界紀錄（1分54秒58）。

2002年泛太平洋錦標賽200公尺、400公尺個人混合式冠軍，200公尺蝶式亞軍，4×100公尺混合式接力冠軍並打破世界紀錄（3分33秒48），4×200公尺自由式接力亞軍。

2003年菲爾普斯在巴賽隆納世錦賽上五次打破世界紀錄，並贏得了四面金牌。他在比賽中成功衛冕了200公尺蝶式冠軍，同時還奪得了200公尺和400公尺個人混合式金牌並創造世界紀錄。此外，他還贏得了混合式接力的金牌並在100公尺蝶式的半決賽中刷新了世界紀錄。

在奧運會的賽場上，無數人為了一面金牌耗盡了一生的努力，而很多人甚至終其一生，也無法贏得他渴望的奧運冠軍的榮耀。於是，當2004年的雅典奧運會，那個叫做菲爾普斯的神童橫空出世，橫掃六金一銀一銅的時候，人們總是習慣性的給他冠上這樣一個名字：「游泳神童」。

看起來，菲爾普斯確實是神童。拿到6面奧運金牌的他才剛滿19歲，而三年之前的他，已經打破了200公尺蝶式的世界紀錄，2003年，他還五次打破了世界紀錄。2004年雅典奧運會上的他，儼然是游泳池裡最大的明星。正如美國NBC新聞網評論的那樣：「雖然游泳並不是特別吸引人的項目，但是有菲爾普斯的出現，票房將不成任何問題。400公尺混合式是菲爾普斯優勢最大的項目，2004年，沒有誰能在這塊『菲爾普斯領地』把差距縮短在4秒以內。沒有人會懷疑，現在這個星球上有人能對他造成威脅。」400公尺混合式打破了世界紀錄，男子200公尺蝶式、4×200公尺自由式接力決賽、200公尺混合式和100公尺蝶式中又奪得了四面金牌，並刷新了奧運會紀錄。他顯然已經成為了泳池裡的王者。

可是，千萬不要被「天才」的眩目光環弄暈了，不要以為這不過是一個天才輕輕鬆鬆、遊戲人間的神來之筆，追尋菲爾普斯的生活經歷，你會發

現，所謂的天才原來也是在無數個刻苦的訓練中堆砌而來的。

　　菲爾普斯出生於美國一個破碎的家庭。父親福萊德是一名員警，媽媽黛比是位小學教師。在菲爾普斯7歲時，父母離異。生活在這樣的環境中，菲爾普斯開始和姊姊一起轉向泳池去尋找安慰，在游泳池裡，他才能夠覺得安全，「我們姊弟在泳池裡，終於找到了『家』的感覺。」

　　1994年，姊姊惠特妮入選了國家隊，這也激起了菲爾普斯的熱情，他開

始更努力的訓練，希望能早日跟上姊姊的步伐。沒多久，他也順利入選了國家隊，2000年的時候，他第一次踏上了奧運會的賽場。可惜的是，當時的雪梨是澳大利亞人索普的天下，菲爾普斯還是個毛頭小子，沒有人注意到這15歲的少年。

回到學校，菲爾普斯失望的發現同學們根本沒有注意到他去了奧運會，「即便是好友，也只是問，『到澳大利亞看到無尾熊和袋鼠了嗎？』沒人過問我的成績。」年輕的菲爾普斯覺得受了冷落，他暗暗下定了他的目標，他要超越索普，成為泳池中的王者，「我要讓所有人都大吃一驚！」

持久的訓練開始了。每天清晨5點30分，他就會被鬧鐘吵醒，這是他開始訓練的時間。此時的窗外還是一片漆黑，大多數的人都沉浸在夢鄉中，甚至某些夜遊者才剛剛回家，而菲爾普斯一天的訓練也開始了。

年輕的菲爾普斯當然也有偷懶的時候，「我打開燈，看著泳帽靜靜地躺在桌上。心裡有100個聲音在說：不起床，今天我要睡個夠。但只要想起『雅典』這兩個字，我就會立即掀開暖被，背起行囊，衝進刺骨的池水中。」

就這樣整整四年，從來沒有一天停止過，「日復一日，一個又一個365天，我已經記不得上一次什麼時候停練過。」菲爾普斯放棄了耶誕節，放棄了新年，放棄了所有的休息日，每一天都給了他新的希望，每一天他都在進步著。

每天一萬多公尺的訓練長度，每週七天，每年365天，從來沒有停歇。終於，他實現了他的諾言，在雅典奧運會上，他成為泳池裡無可比擬的王者，他用八面獎牌六面金牌的輝煌戰績，昭示了他無數日夜苦練後的成果。

心靈思考

羅素說：「真正的幸福絕不會光顧那些精神麻木、四體不勤的人們，幸福只在辛勤的勞動和晶瑩的汗水中。」世上其實沒有所謂的天才，他們能成功，多的不過是一點點堅持。王羲之染黑了池水，終成書聖；孔子讀書，韋編三絕，才能夠創立儒家學說，成為被尊奉千古的文聖人。他們的成功從來都不是因為那虛妄的天才，而是來自於每一天堅持不懈的努力。可是人們往往都陶醉於他們那些傳奇的故事，而忘記了去追尋那之前無數個艱苦的、枯燥的日子。

到了今天也是一樣，當人們歡呼於神童菲爾普斯的出現時，都習慣將他的成功歸結於他與生俱來的天賦。我們總是以沒有天賦為藉口，放任自己的懶惰與消極，「我不是天才，我怎麼可能那樣？」這些話是不是也經常從你口中說出來？你也許不是天才，不過菲爾普斯不是，孔子不是，王羲之也不是，其實，他們和你是一樣的，他們一樣也是普通人，他們能成功，靠的不過是多一點點的毅力和堅持。拿出你的毅力來吧，用你的堅持與努力，打破那「不可能」的巢臼，你會發現，成功無所謂天才，唯靠勤奮。

奧 運 小 知 識

田徑（Athletics）：

據文字記載，第1屆古代奧林匹克運動會是西元前776年在希臘奧林匹亞舉行的。當時的奧運會，比賽只有短跑一個項目，跑程為一個「斯泰德」，即192.05公尺。西元前724年第14屆古奧運會出現了中跑（跑距約為384.10公尺）。隨後，出現了長跑，跑距為7～24個斯泰德。西元前708年第18屆古代奧運會出現了5項競技比賽，即賽跑、跳遠、鐵餅、標槍和摔跤，其中田徑項目佔了4/5。

1896年，希臘雅典奧林匹亞舉行的第1屆現代奧林匹克運動會，田徑是核心項目，其中包括100公尺、400公尺、800公尺、1500公尺、馬拉松、110公尺跨欄、跳高、撐竿跳、跳遠、三級跳遠、鉛球和鐵餅，共計12個男子田徑項目。

1928年，荷蘭阿姆斯特丹第9屆奧運會上首次出現了女子田徑比賽，包括100公尺、800公尺、4×100公尺接力、跳高、鐵餅五項。

第二章

克服困難，走出逆境

生命的道路從來也不是平坦的大道，誰也免不了摔倒，但成功只屬於那些懂得爬起來繼續前進的人。懂得面對挫折和失敗的人，就懂得了生活，也懂得了成功。

「灌籃高手」薩博尼斯
傷痛面前誓不低頭

奧運金牌得主小簡介：

薩博尼斯於1988年在韓國漢城舉辦的第24屆奧運會上，奪得男籃金牌。

姓名：薩博尼斯（Arvydas Sabonis）

性別：男

生日：1964年12月19日

身高：221公分

體重：132.6公斤

國籍：立陶宛

項目：籃球（中鋒）

輝煌戰績：

1983年的歐洲男籃錦標賽上，他做為蘇聯的頭號主力率隊奪得銅牌；

1984年薩博尼斯加入蘇聯Zalgiris隊，並率隊取得三連冠；

1985年終獲金牌，並奪得世界大學生運動會的金牌；

1988年的漢城奧運會奪得了奧運會男籃金牌；

1993～94屆西班牙聯賽冠軍；

1994～95屆西班牙聯賽MVP、賽季歐洲聯賽冠軍；

1995～96賽季NBA最佳新秀第二名；

2003～04賽季立陶宛聯賽冠軍；

2003～04賽季歐洲聯賽常規賽MVP、16強MVP、最佳陣容；

2003～04賽季歐洲聯賽常規賽籃板王、灌籃王。

他被評為「NBA十大國際球員」之首，他是最優秀的技術性中鋒，他是很多著名的球星的偶像，他是幫助蘇聯籃球隊奪得1988年漢城奧運會男籃金牌的最大功臣，他就是薩博尼斯。

1964年12月19日，薩博尼斯出生於立陶宛。他的父親只是一個有著普通身高的人，可是薩博尼斯卻意外地長得十分的高大，於是，少年時期的他便被籃球教練費奧多羅夫選入蘇聯國家青年隊。15歲時，薩博尼斯的身高已經達到了201公分。1983年，已成為主力的他率隊奪得了歐洲男籃錦標賽的銅牌。1984年，薩博尼斯加入蘇聯Zalgiris隊，並率隊取得三連冠。此時的薩博尼斯已經成為了著名的球星，他球風彪悍，曾經扣碎過籃板，強悍的身體對抗和絕妙的技術，讓他堪稱最棒的中鋒。1985年亞特蘭大鷹隊便選中了他，可惜因為他的年齡沒有達到選秀標準規定的21歲，而使他和世界上最好的籃球聯盟失之交臂。

然而，薩博尼斯也逃不掉對運動員來說最可怕的傷痛。1986年，薩博尼斯在比賽中嚴重受傷，右腳跟肌腱完全撕裂。在他第二次被NBA選中後，美蘇對峙的事實卻讓他無法實現去NBA打球的願望，他再次和夢想擦肩而過。

1988年的漢城奧運會是薩博尼斯震驚世界的時候。當時的美國隊派出了號稱不可能被擊敗的國家男籃，以「海軍上將」大衛・羅賓遜領軍，包括了「空中飛人」喬丹、「小鳥」布特等各個好手的美國隊不可一世，自信滿

滿。然而，神奇的薩博尼斯很快就讓他們嚐到了苦果。薩博尼斯絕妙的技術頻頻發威，擊敗了世界頂級中鋒羅賓遜，最終奪得了奧運會金牌。

這奇蹟般的勝利讓薩博尼斯成為了國家的大英雄，他成為了蘇聯對抗美國最耀眼的旗幟，他被人們尊稱為「Big Red Machine」，人們甚至將他最愛的伏特加叫做「薩博尼斯」。

然而，帶著滿身傷痛，薩博尼斯不能不再次放棄了NBA，去到了西班牙職業聯賽。在那裡，他是當之無愧的「籃球先生」，可是，對他來說，他所能感覺到的只是高處不勝寒，他沒有對手，也無法進步，數年的職業生涯所留給他的，只是無數的傷病，他的腳跟肌腱和膝蓋都曾撕裂，這讓他再也無法彈跳超過15公分，他的動作變得緩慢，防守疲軟，已經不復當年的勇猛。

1995年，薩博尼斯終於可以進入最好的籃球聯盟打球了。可是，帶著渾身傷痛的他卻在更衣室裡傷感地向教練展示他滿身的傷痕，他問道：「你覺得我能帶著這些傷勢挑戰NBA嗎？」

也許曾有過短暫的遲疑和猶豫，但薩博尼斯從來都不是怯懦的人。他永遠都記得他最初的夢想，記得他對籃球無與倫比的熱情與熱愛，薩博尼斯很快便鼓起了勇氣，他要實現自己的夢想。

缺乏了年輕時的身體和運動能力的薩博尼斯從來就沒有放棄過，沒有年輕的身體，他就用完美的技術和精於計算的頭腦來補足。背傳、擊地、沾手、過橋，也許扣籃已經不夠勇猛，但腳步卻依然靈活，他從來就不曾放棄，也不肯放棄。就這樣，薩博尼斯憑藉著自己出神入化的技術在球隊佔得了主力地位，帶領開拓者進入了季後賽。他的表現，讓那些以為他已經在傷痛中一蹶不振的人大吃一驚，他成為了NBA場上最耀眼的明星。

今天的薩博尼斯已經離開了籃球場，然而，他所留下來的寶貴經歷，不僅可看做是籃球中鋒的技術教科書，也是一本有關自強不息的勵志書。

心靈思考

其實，幾乎每一個運動員背後都有著長長的、不為人知的傷病史，你去看那些站在領獎台上微笑的冠軍們，哪個不是傷痕累累。他們比別人多的，不過是一份堅持，所以他們可以抵抗住病痛的侵襲，重新投入生活，所以他們才能笑到最後，迎來掌聲。

生活從來就不是一帆風順的，它有急流，有陷阱，它會絆倒你、弄疼你、傷害你，只有那些能夠從打擊和挫折中爬起身來，咬著牙繼續前進的人，才能到達最終的目的地。成功的過程就是一個不斷摔倒、不斷爬起的過程，想要獲得成功，讓自己的夢想實現，就必須有永不服輸、不斷進取的精神。也許我們永遠都不會遭遇薩博尼斯那樣的坎坷和風光，但是，面對困難和逆境的勇氣卻是每個人都不可或缺的，只有迎面而上，才能打敗所有的不幸，掌握住我們所追尋的幸福和成功。要記住，在困難與挫折面前不要低頭，因為也許就在你低頭的那一刻，成功的光環就會從你頭頂一晃而過。

奧　運　小　知　識

賽艇（Rowing）：

賽艇是奧運會最傳統的比賽項目之一。賽艇是由一名或多名槳手坐在舟艇上，背向舟艇前進的方向，運用其肌肉力量，透過槳和槳架簡單槓桿作用進行划水，使舟艇前進的一項水上運動。舟艇上可以有舵手，也可以無舵手。

賽艇運動起源於英國。1715年為了慶祝英王加冕，首次舉行賽艇比賽。1775年英國制訂賽艇競賽規則，同年成立了賽艇俱樂部。

1896年第1屆奧運會已將賽艇列為正式比賽項目，但由於天氣惡劣臨時取消。1900年第2屆奧運會上舉行了賽艇比賽，設6個單項。從1976年開始，允許女子運動員參加奧運會賽艇比賽。1996年亞特蘭大奧運會，羽量級賽艇比賽及新規則被引入奧運會，男子、女子同時設立了羽量級賽艇項目，比賽仍為14項。

「紫色飛行者」蓋爾‧戴維絲
用毅力支撐到最後

奧運金牌得主小簡介：

蓋爾‧戴維絲於1992年在巴賽隆納舉辦的第25屆奧運會上，奪得女子100公尺跨欄金牌。1996年的亞特蘭大奧運會獲得女子100公尺跨欄和4×100公尺接力賽金牌。

姓名：蓋爾‧戴維絲（Gail Devers）

性別：女

生日：1966年11月19日

身高：160公分

體重：49公斤

籍貫：美國

項目：短跑、100公尺跨欄

輝煌戰績：

1991年榮獲東京世錦賽女子100公尺跨欄銀牌；

1992年巴賽隆納奧運會上奪得女子100公尺金牌；

1993年斯圖加特世錦賽分別榮獲女子100公尺短跑和100公尺跨欄兩面
　　　金牌；

1995年世界錦標賽上她再次衛冕跨欄冠軍；

1996年亞特蘭大奧運會分別榮獲女子100公尺跨欄和4×100公尺接力賽金牌；

1999年女子100公尺跨欄世界排名第一，塞維利亞世錦賽女子100公尺
　　跨欄冠軍；

2000年全美奧運選拔賽女子100公尺跨欄冠軍，創造了12秒33的全美紀
　　錄；

2001年女子100公尺跨欄世界排名第一，世錦賽女子100公尺跨欄亞
　　軍，全美錦標賽冠軍；

2002年女子100公尺跨欄世界排名第一；

2003年室內世錦賽女子60公尺跨欄冠軍，國際田聯黃金聯賽巴黎站100
　　公尺跨欄冠軍。

被譽為「紫色飛行者（紫蝴蝶）」的蓋爾‧戴維絲，是一個堅強的、值得人們為之驕傲的女強人。

在美國的奧運隊伍中，她曾是一位在死亡線上苦苦掙扎的、被病魔纏身的人，那時她罹患奇特的「墳墓病」，頭髮脫落、視力下降、關節疼痛，眼睛怕光，睡覺都要罩起來，而且隨著病情的不斷惡化，她的雙腿險些要被鋸掉。然而，就是這樣的一個人，卻成為了短跑明星，成為了一個在奧運會上連奪獎牌的老將。她是在用毅力支持、延續著自己的生命。

那是在1988年漢城奧運會前，戴維絲突然發現自己得了一種怪病，起初她覺得頭痛、渾身無力，之後她發現自己兩眼凸出，經過醫生診斷她才得知自己得了甲狀腺腫瘤的頑疾。從此，她必須接受長期的放射性治療，疾病和治療的雙重壓力下，她的頭髮開始大面積脫落，有時甚至嘔吐、昏睡達12小時，於是她不得不放棄訓練，離開田徑場。

　　回憶起那個時候的情景，戴維絲依然覺得很恐怖。「那時，我的身體的確很糟糕，我的臉上不斷脫皮，眼睛凸得大大的，我開始停止照鏡子，我覺得自己像隻怪物。」可是，戴維絲從來就沒有想過她要離開自己心愛的田徑賽場，一年後，她的病情稍有好轉，便重新投入到了訓練中。「當時的確很

痛苦，每次訓練結束，我的腿上幾乎都能揭下一層皮。但我的生命中沒有『放棄』二字，依靠積極的治療和訓練，我終於戰勝了病魔，重新回到了田徑場上。」

普通人恐怕很難想像得到她那時候的狀況。那時的戴維絲並沒有痊癒，她是一邊治療一邊訓練的，每次訓練的時候，她的雙腿都是腫脹的，晚上回來脫襪子會扯下一層皮來。可是，重新奔跑的渴望給了她無窮的勇氣，她終於挺過來了。

重新走上賽場的戴維絲不僅僅只是能奔跑而已，她所戰勝的不光是自己，還有整個世界。她不僅奪得了巴賽隆納奧運會女子100公尺跨欄冠軍，還在4年後的亞特蘭大奧運會上蟬聯了該項目冠軍，成為了當之無愧的「女飛人」。

2004年的雅典奧運會，這個堅強的女人又帶著她出名的長指甲走進了賽場，這是她的第五次奧運會了。吸引人的，不光是她的奔跑，還有她那三、四寸長，有著眩目色彩的長指甲。有人說，這美麗的指甲是她對生命熱愛的象徵，可是戴維絲說，這是她跨越苦難的紀念，是她的生命「標識」。對她來說，長長的指甲代表著健康，表示著她的疾病沒有復發，如果三年之內，指甲沒有什麼異樣，那說明她已經抵抗了疾病的折磨，那麼她會修剪指甲，等待下一個三年的到來。看到那美麗妖嬈的長指甲，誰又能想到，這其實是一個人生命的象徵呢！

在戴維絲的右手手腕上，還戴著一串印有F、R、C、E四個字母的飾品。她說，這四個字母有著各自不同的含意，組合起來，就是她對人生、對事業的看法和基本態度。

F—FOCUS（專注）：做任何事情，都要投入自己的全部精力；

R—RESPECT（尊重）：依靠自己的努力取得成績，這樣才能獲得真正的尊重；

C—CONSIDER（認同）：你可以欺騙別人，但不能欺騙自己，所以必須要讓自己從心底認同自己的作為；

E—EXCELLENT（傑出）：做事不能半途而廢，要做就做到最好。

正是這積極、樂觀的生活態度支撐著戴維絲，讓她戰勝一個又一個困難，微笑著走到了今天。誰也沒有想到，這個從死亡線上掙脫的女人有著如此強悍的生命力，她對於生命和奔跑的熱愛讓她重新獲得了生機，她依靠著自己的堅強和毅力創造了奇蹟。

心靈思考

英國首相邱吉爾最後的一次演講是在劍橋大學，那次的演講只有一分鐘。當邱吉爾走上台時，他只說了一句話：「Never give up！（永不放棄）」然後便走下台離開了。一分鐘的靜默後，整個會場掌聲雷動。有人說，這是邱吉爾最為精彩的演講，因為人生的信念其實就這麼簡單，永不放棄！

戴維絲也許並不知道這場演講，但毫無疑問的是，她懂得堅持下去的精神有多麼的重要。她用自己的毅力和堅持證明了自己的價值，她用自己的堅強創造了一個又一個的奇蹟。

堅持下去，永不放棄。如果你堅持了的話，你會發現，原來事情就是這麼簡單，原來成功就是這麼容易。太多人輸在半途而廢上，他們從來不知道，他們輸給了自己，他們輸的，只是堅持二字。只要有堅強的毅力，有把一件事進行到底的恆心和耐性，那麼我們就能取得輝煌的成就。

奧 運 小 知 識

羽毛球（Badminton）：

1988年，羽毛球被列為漢城奧運會的表演項目，取得了成功。1992年，在巴賽隆納奧運會上羽毛球被列為正式比賽項目，設男、女單、雙打四面金牌。在1996年亞特蘭大奧運會上，增設了混合雙打比賽項目，使奧運會羽毛球項目金牌總數增至五面。

國際奧會對奧運會羽毛球項目參賽選手名額有嚴格限制，參賽總人數限定在172人之內。每個項目根據世界排名，選出前38名單打運動員、16對雙打選手和16對混合雙打選手直接參加奧運會。但每個項目中至少必須包括有五大洲的各1名選手或1對選手。這些運動員必須是該洲世界排名最前面的運動員。如果在世界排名中仍沒有某洲的選手，則以在積分期間的最近一次該洲錦標賽中的冠軍選手出席。東道國應有不少於2名運動員參加比賽。每個國家或地區在1個項目中最多只能有3個席位，多出的席位依次讓給排名後面的國家和地區的選手。

「乒乓女皇」鄧亞萍
克服天生的缺陷

奧運金牌得主小簡介：

鄧亞萍於1992年在西班牙巴賽隆納舉辦的第25屆奧運會上，榮獲桌球女子單打、雙打兩項冠軍；以及1996年的亞特蘭大奧運會上的桌球女子單打、雙打兩項冠軍。

姓名：鄧亞萍（Deng Yaping）

性別：女

生日：1973年2月6日

身高：150公分

體重：53公斤

籍貫：中國河南鄭州

項目：桌球

輝煌戰績：

1989年世乒賽女雙冠軍；

1990年世界盃團體賽冠軍；

1991年世乒賽女單冠軍，女團、女雙亞軍，世界盃團體賽冠軍；

1992年世界盃雙打賽冠軍；

1993年世乒賽女雙亞軍、女團冠軍；

1992年第25屆奧運會女單、女雙冠軍；

1995年世乒賽女單、女雙、女團冠軍，混雙亞軍，世界盃團體賽冠
　　軍；

1996年第26屆奧運會女單、女雙冠軍，國際乒聯總決賽女單、女雙冠
　　軍，世界盃女單冠軍；

1997年世乒賽女單、女雙、女團冠軍，混雙亞軍。

　　有這麼一個嬌小的女孩子，她身高只有150公分，卻拿了18個世界冠
軍，奪得國內外大賽130多面金牌，被稱為最矮的巨人，前國際奧會主席薩
馬蘭奇，更是盛讚她「所表現出的永不服輸的精神代表了奧林匹克運動員所
具有的精神風貌」——她就是鄧亞萍。

　　出生於河南省一個乒乓世家的鄧亞萍，在幼年時就自然而然地選擇了桌
球這項運動，父親鄧大松年輕時是中南五省的桌球男單冠軍。因為家庭環境
的關係，她從小便受到了正規而有系統的乒乓教育，這為她的成長打下了堅
實的基礎。5歲時，她就被送入業餘體校，開始了專門的訓練。剛開始練習
時，小姑娘才比桌球台高一點點，她只能用一塊木板墊在腳下練習，就這
樣，到小學二年級的時候，她就已經是省少體的冠軍了。

　　志得意滿的小姑娘很快就被父親帶到了省集訓隊，希望她能夠得到更好
的專業訓練。然而，他們沒有獲得預期中的熱情接待，只碰到了拒絕和惋惜
的目光。鄧亞萍太矮了，手臂又太短，教練們斷定，這天生的缺憾使她並不
適合打桌球。鄧亞萍傷心沮喪地回到家裡，失望極了，父親看出她的不滿，
對她說：「個子矮、手臂短這個天生的缺陷是無法改變的，但如果妳能比別
人多受累，多吃苦，下工夫練出自己的特長和優勢，那麼也是會成功的。」

小鄧亞萍看著父親，用力點點頭，再次堅定了打桌球的決心。後來鄧亞萍說：「我覺得從運動成績上來講，我不比任何人差，為什麼其他的人能進省隊，我進不去。那個時候就覺得，我一定要證明自己，自己是這塊材料，而且能夠成為一個優秀的桌球運動員，當時有非常堅定的一種信念。當然了，你一旦有這個信念，你一旦做了這個決定以後，再苦、再累也是願意的，因為你自己選擇了這條路，沒有人逼你選這條路。」

這次，父親帶她來到了新成立的鄭州隊，雖然比省隊低一個層次，但這次鄧亞萍遇到的是賞識的目光。李鳳朝教練一眼就看出來了，這個小姑娘有潛質。果然，再艱苦的訓練，鄧亞萍也從不叫苦。當時才10歲的她，個子比別人小，每每跑步都落在後面，可是小姑娘不服輸，自己綁上沙袋，每天偷偷的練習，若是和隊友練習輸了球，她就央求人家別走，非要贏回來為止。就這樣，這倔強的小姑娘的成績很快就名列前茅，三年後，她更是奪得了全國比賽的冠軍。

不斷成長的鄧亞萍很順利地進入了國家隊，剛進國家隊，大家都用奇怪的眼光看她，她很清楚，自己壓根就沒有先天優勢，太矮的個子讓所有人都懷疑她能不能成為一名優秀的桌球運動員，要知道，中國國家隊裡可是臥虎藏龍的地方啊！可是鄧亞萍並不害怕，她從來就沒有懈怠過，她要用實力來證明自己，從此，她練習的更努力了。她每天都堅持大運動量，訓練時還在腿上綁上重重的沙袋，她的例假日基本上都是在訓練館裡度過的。她很清楚，自己的身高不行，那就只能靠其他方面來補救，只有步伐更快、進攻更兇狠、防守更堅強，她才能戰勝那些先天條件比自己好的對手。

鄧亞萍的教練張燮林曾經回憶過這樣一件事：有一次，他無意中走進鄧亞萍她們女隊員的宿舍，卻發現牆角有一個電爐子正在冒著熱氣，教練火

了，他很嚴厲地說：「房間裡不准用電爐子知道不知道？這是誰的？」鄧亞萍歉疚的說：「這是我的。」「妳的？妳不知道宿舍裡不准用電爐子嗎？」鄧亞萍不吭聲，只過來靜靜的把電源拔了。他生氣的走出房間，一個同屋的女隊員趕緊跟過來告訴他，鄧亞萍經常練球練到很晚，回來的時候食堂就已經關門了，所以她只好常常吃泡麵了。

張燮林這才知道事情原委，大為感動，他給鄧亞萍下了道命令，不准她不眠不休的練習。可是鄧亞萍根本不聽他的，一有機會，她就跑到訓練場練習去了，每次訓練都忘記時間，總是錯過吃飯。後來，食堂的大師傅們也知道了這件事，他們決定，每天專門留下一個人等鄧亞萍回來吃晚飯，從此以後，鄧亞萍也就再也不用吃泡麵了。每當有人提到這件事的時候，鄧亞萍就會說：「愛我所愛不嫌苦，為實現我的未來不是夢，再苦、再累也心甘情願。」

有人為鄧亞萍算過，如果她一天比別人多練一個小時，那一個月就是30個小時，一年就是365個小時，這樣日積月累，她就比別人多練了許多天、許多月。就這樣，鄧亞萍的技術越來越出色，她的球速快、移動步伐快、反應靈活，更重要的是她還有一股永不服輸的精神，每次在賽場上，不論對手是誰，她都咬緊牙關、睜大雙眼，不贏絕不甘休。她個子矮，手臂短，控制球的範圍小，便盡力搶在前面、打在前面、發力在前面，打出的球既狠又刁。

就這樣，在1992年的奧運會上，她輕鬆拿下了女子單打和雙打的金牌，4年後，她又再次蟬聯，成為了當之無愧的女子桌球第一人。她總共獲得4面奧運會金牌，14次獲得世界冠軍頭銜，連續8年女乒世界排名第一，將18個世界冠軍和130多面金牌收入囊中，創造了屬於她的「鄧亞萍時代」。她的

奮鬥精神甚至打動了前奧會主席薩馬蘭奇，他說：「鄧亞萍是我本世紀見過的最好的運動員，她是奧運精神『更快、更高、更強』最有力的詮釋者。」

心靈思考

　　有這麼一個故事，一個孩子指著一個駝背的人問媽媽：「媽媽、媽媽，那個東西是什麼啊？」母親正在尷尬時，不知如何回答，這時候，孩子又開口了：「媽媽、媽媽，我知道，那一定是上帝給他的背囊，裡面藏著一對天使的翅膀。」

　　所以，別為你的缺陷哭泣，它是上帝親吻的印記，不是你前世的罪孽。缺陷不是錯誤，它不需要你的懊惱、沮喪、頹廢和墮落。你重視它、害怕它，它就會成為你心靈上永遠的傷痕，你輕視它、對抗它，它就會成為你人生旅程上的一粒細沙，可以隨手丟棄。

　　別為你的缺陷哭泣。只要你有著永不服輸的信念，那麼，這曾經的脆弱將會成為你堅強意志的最好標識。也許你永遠不會成為下一個鄧亞萍，但你會發現，你堅強、你快樂，你努力的活著，而且不枉此生。

奧 運 小 知 識

籃球（Basketball）：

1904年，在美國聖路易斯舉行的第3屆奧運會上，美國的2支球隊首次將籃球進行了表演展示。1936年，在第11屆柏林奧運會上，男子籃球終於被列為奧運會的正式比賽項目。

在這屆奧運會上，共有來自北美洲、南美洲、亞洲、歐洲和非洲的21支球隊參加了籃球比賽，成為當時柏林奧運會團體比賽項目中參賽隊伍最多的一個項目。當然，這屆奧運會的籃球比賽的水準還不高，最後的總決賽是在美國隊和加拿大隊之間進行的，兩隊的比賽結果是19比8，美國隊獲得了奧運會首屆籃球比賽的冠軍。

女子籃球則是到了1976年的第21屆蒙特婁奧運會上才成為正式的比賽項目。

「赤腳大仙」貝基拉
與困難抗爭的勇氣

奧運金牌得主小簡介：

貝基拉於1960年在羅馬舉行的第17屆奧運會上，獲得馬拉松項目冠軍；1964年在東京舉行的第18屆奧運會的馬拉松比賽上，再度奪得金牌。

姓名：阿貝貝‧貝基拉

性別：男

生日：1932年8月7日

籍貫：衣索匹亞

項目：田徑

輝煌戰績：

1960年28歲的貝基拉參加了第17屆羅馬奧運會的馬拉松項目，以2小時15分16秒2破奧運會紀錄的成績奪得金牌；

1964年貝基拉在東京奧運會的馬拉松賽場，再度奪得了金牌，並以2小時12分11秒2再創奧運會紀錄，創下蟬聯馬拉松冠軍的先例。

　　在非洲大地上，有許多孩子最大的樂趣就是赤足奔跑。他們沒有鞋，但這並不妨礙他們飛一般的速度，同樣的，也是這群曾經在山野中追逐嬉戲的孩子，幾乎佔據了世界田徑賽場上長跑項目的所有金牌。而阿貝貝·貝基拉，則是這群人中最為知名的一個。

　　1932年8月7日，貝基拉出生在衣索匹亞的一個偏僻的山村裡。像所有貧困家庭的孩子一樣，他很小就開始幫助家裡幹活，減輕負擔。10歲那年，他成為了牧童，趕著羊群在高原穿行，翻山越嶺地尋找新的草地，他就這麼赤著腳奔跑，練就了持久的耐力和奔跑力。20歲的時候，他成為了一名皇室衛兵，後來他又當了籃球隊員。到了24歲的時候，他改行開始練習跑步，成為了一個馬拉松運動員。

　　1960年的羅馬奧運會，赤著腳的貝基拉出現在馬拉松的賽場上。按照規

則，赤腳的運動員是不能上場的，可是貝基拉實在是不習慣穿著鞋跑步，後來，為了顧及這位來自非洲的運動員的習慣，大會才破例允許他赤腳參賽。就這樣，這個赤腳的衣索匹亞人以2小時15分16秒2的成績一舉奪得金牌，並打破了奧運會紀錄。從此，這個「赤腳大仙」便開始為全世界人們所熟悉。

1964年，貝基拉再次來到了東京奧運會的賽場。這次，人們都不再相信他能夠獲得冠軍，因為這時的貝基拉已經32歲了，而且在不到兩個月之前他才剛剛做完闌尾切割手術。然而，貝基拉說：「我對在東京再奪冠軍充滿信心。」他沒有食言，再次以他無比堅強的毅力讓人們大吃一驚。他不光蟬聯了馬拉松比賽的冠軍，甚至以2小時12分11秒2的成績再次打破了奧運會紀錄。

貝基拉的成功開啟了非洲運動員輝煌運動生涯的起點，他也成為了非洲運動員的驕傲和目標。從此以後，非洲的長跑運動開始蓬勃發展，成為了世界田徑場上一股無法被掩蓋的力量。

遺憾的是，在1969年，貝基拉遭遇了一場嚴重的車禍，他全身癱瘓了。可是，這殘酷的事實並沒有擊倒這堅強、自信的人，他說：「我是一個運動員，我相信，自己會有一天能站起來。這需要抗爭。沒有勇氣抗爭的人，就沒有權利贏得勝利，而勝利是生命的全部意義。」他開始以最大的毅力投入到治療中去，他要用行動證明，他並沒有被災難打倒。

然而，貝基拉的下半身仍然不可避免的癱瘓了，對於一個視長跑為生命的運動員來說，這不啻於死亡的打擊。可是，貝基拉沒有消沉，也沒有放棄，他開始重新尋找自己生命的意義。下半身不能動了，他就開始練習射箭，只要一息尚存，他就不會放棄生活。

1971年的挪威奧斯陸，坐在輪椅上的貝基拉再次出現在了賽場上，只是

這一次，他參加的是世界殘疾人運動會。重新回到賽場的他沉穩、堅毅，絲毫也看不出病痛給他的精神帶來的折磨。1972年，不顧身體不便的貝基拉又遠渡重洋來到慕尼黑，參加了第20屆奧運會，他的到來，讓所有的人為之歡呼。

1973年10月25日，這位兩屆奧運會冠軍因腦溢血與世長辭。人們為他舉行了隆重的葬禮。參加葬禮的人達7萬之多，是世界上參加體育明星追悼會人數最多的一次。他四十多年的生命，是世界體育史上一段光輝的傳奇。

心靈思考

很多人缺少的也許就是那一點點直接面對困難的勇氣，一旦遭受不幸，他就會將之歸結為社會的不公、命運的戲弄，卻從不肯去依靠自己的奮鬥來改變命運，很多人不過是遭遇到一點小小的挫折，立刻便覺得人生無望，甘願沉淪，相較喪失奔跑能力的貝基拉，這是多麼可笑的行為啊！

生活永遠是公平的，每個人都總會遭遇到這樣或那樣的挫折，而人之所以不同，關鍵就在於對待這些挫折的態度的不同。有人可以永不服輸、越挫越勇，用不斷的努力和奮鬥去贏得勝利；有人卻立刻自暴自棄、怨天尤人，在抱怨中碌碌無為的度過餘生。因此，選擇什麼樣的生活態度，也就決定了你會有什麼樣的人生。鼓起你的勇氣來，當你抬起頭直視那擋在你面前的困難時，你會發現，原來它是如此的渺小，原來你是如此的強大。

奧運小知識

拳擊（Boxing）：

在西元前688年舉行的第23屆古代奧運會上，拳擊運動就被列為正式比賽項目，並且逐漸成為古代奧林匹克運動會中佔有重要地位的運動項目。在西元前616年的第41屆古代奧運會上，又增加了少年業餘拳擊比賽。

現代業餘拳擊運動於1904年在美國聖路易舉行的第3屆奧運會上成為正式比賽項目。第5屆奧運會由於瑞典人認為拳擊運動有損人的健康，沒有設此項目。第6屆、12屆、13屆奧運會因為第一、二次世界大戰而沒有舉行。至2004年雅典奧運會，拳擊比賽共參加了21屆奧運會。

由於拳擊運動的競爭性較強，從古代奧運會到現代奧運會拳擊比賽只設男子比賽項目，沒有設女子比賽項目。

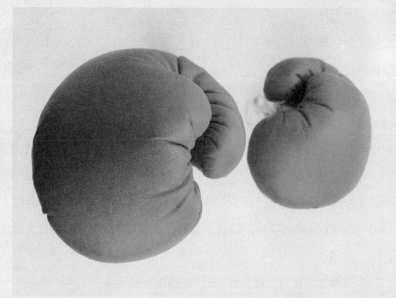

「撐竿跳沙皇」布卡
讓你的心先過去

奧運金牌得主小簡介：

布卡在1988年的漢城奧運會上獲得了男子撐竿跳金牌。

姓名：謝爾蓋‧布卡（Sergey Bubka）

性別：男

生日：1963年12月14日

身高：183公分

體重：80公斤

國籍：烏克蘭

項目：撐竿跳

輝煌戰績：

1982年世界田徑錦標賽以5.71公尺獲得冠軍；

1983年在芬蘭首都赫爾辛基舉行的世界田徑錦標賽上以5.7公尺的成績
　　　奪得撐竿跳冠軍；

1985年在巴黎，他跳過了6公尺，首次超越人們認為不可逾越的高度；

1988年他將紀錄改寫為6.1公尺，是首位跳過6.1公尺高度的撐竿跳運
　　　動員；

1988年在漢城奧運會上以5.9公尺的成績奪得冠軍；

1992年將室內紀錄提高到6.13公尺，1993年又將室外紀錄提高到6.14
　　　公尺。

　　體育的魅力巨大，它的魅力在於奮鬥，在於創造，更在於超越。人們尊崇那些創造紀錄的運動員們，因為他們代表著對人類身體極限的不斷超越，代表著人類社會的不斷進步。

　　有這樣一個運動員，他35次打破世界紀錄，主宰了撐竿跳世界長達二十年之久，而他創造的兩項世界紀錄，至今還沒有人能夠打破。他就是謝爾蓋‧布卡，「撐竿跳沙皇」，「本世紀世界上最偉大的運動員」。

　　他握竿點高，助跑快，起跳積極有力，「彎竿」技術相當出色，能充分利用和發揮撐竿的物理性能。他的100公尺跑10秒02，跳遠7.8公尺，持竿助跑速度最高達每秒9.6公尺，這些素質都為他創造優異成績奠定了良好的基礎。

　　1984年5月24日，21歲的布卡在捷克參賽，他成功地越過了5.85公尺的高度，打破了當時的世界紀錄。隨後的三個月內，他三次刷新自己創造的高度，將男子撐竿跳的世界紀錄提高到5.95公尺。從此，男子撐竿跳的世界紀錄就成為了他的專屬。

　　然而，布卡也有遇到瓶頸的時候。在很長的一段時間裡，他一直努力地嘗試突破新的高度，卻總是失敗，他開始懷疑自己的能力，覺得自己已經到了無法再前進的地步，他開始迷茫、沮喪，不知道如何是好，他失去了訓練的熱情，甚至開始對練習場的橫杆畏懼起來。

　　有一天，當他再次失敗，摔倒在練習場上時，他再也掩飾不住自己的沮喪，嘆息著告訴他的教練：「我恐怕是無法再進步了，我實在是跳不過去。」

　　教練深深地看著他：「告訴我，布卡，看到標杆的時候，你心裡究竟是怎麼想的？」

布卡掩不住滿臉的無助：「現在，我只要一踏上起跳線，看著那根高高懸掛於空中的標杆的時候，我就會覺得肯定是跳不過去了。」

聽到這一切，教練板起了臉，他對著布卡大聲地吼道：「布卡，你現在要做的就是閉上眼睛，先把你的心從橫杆上『摔』過去！」

低垂著頭的布卡抬起頭來，面對著教練充滿鼓勵的目光，他彷彿意識到了什麼，他點了點頭，開始了他的再一次試跳。

這一次，他順利的跳了過去。

欣慰的教練微笑著迎接了他，語重心長地對他說：「記住吧，先將你的心從杆上『摔』過去，你的身體就一定會跟著一躍而過。」

對現在的布卡來說，已經沒有什麼可以阻攔他的了。1985年6月13日，在法國巴黎舉辦的第一屆世界室內田徑錦標賽上，年輕的布卡要了六公尺的高度。整個體育場都沸騰了，這是一個前所未有的高度，代表著撐竿跳全新的一頁。就在全場觀眾的歡呼聲中，布卡優雅的躍起，輕鬆地將世界紀錄提高到了6公尺。

後來，在一次由總統親自授予勳章的授勳典禮上，有記者問他：「你成功的秘訣是什麼？」布卡微笑著，講述了他「讓心先過去」的故事，他說：「很簡單，就是在每一次起跳前，我都會先將自己的心『摔』過橫杆。」

接下來的多年間，布卡一直在撐竿跳的世界中稱王。從1988年6月9日創造6.05公尺世界新紀錄開始，直到1994年7月31日創造6.14公尺室外男子撐竿跳最新世界紀錄，6年中，布卡9次提高男子撐竿跳世界紀錄。其中還包括了一次漢城奧運會的男子撐竿跳金牌。至今，他所保持的世界紀錄，還是讓人們仰望而不可企及的高度。

心靈思考

　　超越自我，才能獲得成功。要成功，你就必須先相信自己能夠成功。如果你已經膽怯害怕，你覺得你無法逾越，那你只能註定失敗的命運。布卡也曾害怕，他也曾長久不能超越，但他終於重拾起勇氣，跨越了心底的那個橫杆，達到了新的高度。

　　我們常常會自己給自己設限，總覺得這些事我不可能做到，我是普通人，我沒有那些天賦，我能夠做成現在這樣就已經很不錯了，於是，我們就這樣甘於在現在的高度上止步不前，安享餘生。你有沒有想過，你之所以不能，是因為你自己覺得自己不能呢？是你自己看死了你自己，是你自己放棄了你自己。

　　所以，趕快拋掉那些自認失敗的想法吧！拿出你的自信來，告訴自己，你可以，你行。這不是唯心主義的自欺欺人，這只是人生最好的助力，它會讓你充滿自信，它會讓你勇於面對一切挑戰，它會讓你不斷的進步。給自己一個高度，你就能超越這個高度。

皮划艇（Canoeing）：

皮划艇比賽分為皮划艇激流迴旋和皮划艇靜水兩個項目。

1924年，在法國巴黎舉行的第8屆奧運會期間，加拿大和美國的運動員在塞納河上進行了划艇表演賽。1936年，在柏林舉行的第11屆奧運會上，皮划艇靜水被列為奧運會正式比賽項目。至今，奧運會皮划艇靜水比賽共設12個比賽項目。

皮划艇激流迴旋在1972年第20屆慕尼黑奧運會上首次成為正式比賽項目。1972年以後到1988年的奧運會都沒有列入該項目，1992年第25屆巴賽隆納奧運會激流迴旋比賽重返奧運賽場。

「短距離游泳之王」波波夫
信念成就泳壇之王

奧運金牌得主小簡介：

亞歷山大・波波夫於1992年第25屆巴賽隆納奧運會上，獲得男子100公尺自由式冠軍，男子50公尺自由式冠軍；於1996年第26屆亞特蘭大奧運會上，獲得男子100公尺自由式冠軍，男子50公尺自由式冠軍。

姓名：亞歷山大・波波夫（Alexander Popov）

性別：男

生日：1971年11月16日

身高：200公分

體重：90公斤

籍貫：俄羅斯斯維德洛夫斯克

項目：游泳

輝煌戰績：

1992年第25屆巴賽隆納奧運會男子100公尺自由式冠軍；巴賽隆納奧運會男子50公尺自由式冠軍；巴賽隆納奧運會男子4×100公尺自由式接力賽亞軍；巴賽隆納奧運會男子4×100公尺混合式接力賽亞軍；被授予俄羅斯功勳體育健將稱號；

1994年莫斯科友好運動會冠軍得主；

1996年亞特蘭大奧運會男子100公尺自由式冠軍；亞特蘭大奧運會男
　　子50公尺自由式冠軍；亞特蘭大奧運會男子4×100公尺自由式
　　接力賽亞軍；亞特蘭大奧運會男子4×100公尺混合式接力賽亞
　　軍；當選為俄羅斯隊最佳運動員；被國際泳聯授予突出貢獻
　　獎；被授予俄羅斯「為了祖國」二級勳章；

1998年紐約友好運動會冠軍得主；

2000年當選為國際奧會委員；第27屆雪梨奧運會男子100公尺自由式亞
　　軍；被授予俄羅斯友誼勳章。

　　當亞歷山大‧波波夫在亞特蘭大奧運會上以男子自由式100公尺的比賽
中衛冕成功時，他就改變了歷史，成為自1920年以來第一個在這一項目連續
兩屆奪得金牌的運動員。1990年到1998年，波波夫稱霸短距離自由式，8年
之內從未敗北，創造了泳池中的不敗神話。他也因此被人尊稱為「短距離游
泳之王」。

　　小時候的波波夫很怕水，不過正是因為這樣，他才堅定了學習游泳的決
心。他小時候因為從四、五公尺高的樹上跌下，致使左膝蓋骨碎成幾塊。之
後，膝蓋雖得以復原，但左腿仍有些瘸，於是醫生建議他練習游泳以恢復健
康。8歲那年他才克服了對水的恐懼，正式開始了他的游泳生涯。波波夫曾
經說：「（我）小的時候很怕水，是被推到水裡的，但時間長了就逐漸愛上
泳池了。」

　　起初，波波夫學習的是仰式，他的天賦很好，14歲便奪得了全國青年錦
標賽的冠軍，17歲時就順利進入了國家隊。到了1990年的時候，他的100公
尺仰式最好的成績就是世界第15了。

同樣是在1990年的一天，剛剛練習完的波波夫走出游泳館，正向宿舍走去的時候，一個銀髮老人叫住了他。波波夫停了下來，回頭看向這個老人，老人是俄羅斯國家游泳隊最著名的教練——根納基‧托雷斯基。

托雷斯基教練看著面前這張年輕而充滿活力的臉，鄭重地問：「小伙子，改練自由式吧，這也許會給你帶來好運。」

「自由式？」波波夫呆住了。看著眼前這位絲毫不像開玩笑的老教練，他有些無措。

「是的，改練自由式！」托雷斯基教練說的很肯定，也很堅決，他看向波波夫，認真的說：「我觀察你很久了，你如果改練自由式，一定能夠取得突破性的成績。」

波波夫有些心動了，是啊，誰不想登上泳壇第一的寶座呢？一開始，練習了這麼多年的仰式，現在才改換自由式的話，豈不是意味著一切都要重新開始嗎？我行嗎？波波夫有些猶豫，不過，他很快便下了決心。這也許是我改變命運的一次機會呢！為什麼不能搏一搏呢？波波夫對著托雷斯基教練重重的點了點頭。

托雷斯基教練顯然沒有看錯人，波波夫在自由式上的進步甚至不足以用一日千里來形容。他每天要練習6個多小時，一週的游程達80～90公里，訓練量要比大多數的短距離選手多許多，比賽跑選手還要多。

1992年奧運會開幕的前6個月，波波夫不幸遭遇了車禍，造成肘部肌肉撕裂，所有人都認為他必然會缺席這次的奧運會的時候，波波夫生機勃勃的站在了奧運會的賽場上，並一舉拿下了50公尺和100公尺自由式兩面金牌。創造了一個個不可思議的奇蹟。

1996年的亞特蘭大，依舊是波波夫的天下，他再次衛冕了男子50公尺和100公尺自由式冠軍。對於這一切，波波夫平靜地說，這不過是因為他認真地完成了比賽，「每次都力爭到金牌，這是我的責任，這是我第二次參加比賽，我不能輸，必須認認真真做好每一步，對手可以更好地激勵自己，並在泳池中發揮好的水準。」

1996年8月24日，剛剛從亞特蘭大回到莫斯科休假的波波夫就遇上了他人生中最大的傷害。那天他和朋友從一個生日聚會中回家，半路上，他們為是否買西瓜而與賣瓜者產生了爭論，結果雙方爭鬥起來，賣西瓜的小販用刀刺中了波波夫的胃部，並刺破了他的肺。波波夫被迅速送進了莫斯科醫院，進行了三個多小時的手術，才得以脫離危險。

聽到這個消息的人們都感到無比的震驚。被刺中肺部對任何一個體育運動員來說，都是極為嚴重的傷害，特別是對游泳運動員來說，基本上就意味著游泳事業的終結了。當全世界都在為這位游泳天才的事故惋惜的時候，波波夫卻再次出現在了人們面前，重回了他無比熱愛的游泳池。1998年，他還在珀斯世錦賽上奪取了100公尺自由式的冠軍，讓所有人都震驚於這個俄羅斯人的堅韌。

2000年，俄羅斯科學家發明了「鯊魚裝」，這種游泳衣模仿了鯊魚的皮膚，在泳衣上設計了一些粗糙的齒狀突起，以有效地引導水流，並收緊身體，避免皮膚和肌肉的顫動，它覆蓋了運動員身體的大部分，能夠有效的幫助運動員減少阻力，提高運動成績。波波夫的教練托雷斯基也參與了這個「鯊魚裝」的設計，然而，波波夫卻拒絕使用這種裝備。

波波夫說：「我知道這種泳衣能夠提高我的成績，但我並不喜歡它。游泳不應該靠高科技取勝，它應該是人類體力和毅力的展現，如果靠連體泳衣

可以幫助獲勝，那何不乾脆使用腳蹼呢？游泳是否游得快，應是自身努力的結果。」其實在這之前，波波夫已經拒戴泳帽了，他堅持游泳應該是人類展現自身毅力的時候，而不能為外在的物質所束縛。因此，當大部分運動員都穿上鯊魚裝的時候，只有波波夫還穿著陪伴他多年的泳褲，征戰於每一個賽場上。

就在這一年，波波夫第三次出現在奧運的賽場上。他曾說過：「一次奧運會冠軍使你成名，兩次奧運會冠軍使你變得偉大，而奪得三次奧運會冠軍，你將創造歷史。」這次，他就是衝著創造歷史的夢想來的。

然而，也許是因為肺部的傷痛使得波波夫再也無法重回當年的傳奇，也許是因為他已經是29歲「高齡」，也許是因為其他使用鯊魚裝的選手讓這場比賽的公平性有了微微的傾斜，不論是什麼原因，一個不可改變的結果是，波波夫輸了。荷蘭人霍根班德的出現，讓波波夫創造歷史的夢想破滅了。

可是，對波波夫來說，一次的失敗絕對不是終點，面對著那些或懷疑或尊敬的臉龐，他堅定地說：「也許我已經不再強壯如昔，但看到那五環，我就覺得自己是最榮耀的那一個。所以雅典，我仍舊要去。」正如他所說的，游泳已經成為了他生命中不可或缺的一部分，生命不止，奮鬥的旅程就不會結束。

波波夫沒有食言，2004年的雅典，32歲的波波夫再次出現了，儘管這次他輸得更慘，甚至沒有進入決賽，然而對所有人來說，他卻是游泳池中永遠的傳奇。正如霍根班德說的：「他是一個活著的傳奇，我非常尊重他。人們說如果你必須丟掉100公尺冠軍，那只能是因為亞歷山大‧波波夫打敗了你。」

心靈思考

信念是成功的精神動力。波波夫也曾經被打敗過，但他從來就沒有喪失信心，從來就沒有放棄努力。他有著堅定的信念，有著必勝的決心，拒絕泳帽和鯊魚裝，正是他自信心的表現，正是因為他對自己的能力有信心，他才勇於拒絕外力的幫助，最終依靠自己的力量來獲得成功。而對於人們來說，儘管他也有過失敗，甚至以失敗結束了他的游泳生涯，但他依然是冠軍，是人們心目中真正的英雄。

一個連自己也不敢相信的人是可悲的，他會畏懼一切可能的失敗，他總是畏首畏尾，怕跌倒、怕失敗，最後恐怕也難免面臨失敗的命運。任何一次小小的失敗都會讓他失去前進的動力，讓他自憐地躺在跌倒的坑洞裡，忙於撫慰自己脆弱的心，從此止步不前，再也不敢爬出這個坑洞，去追尋真正的成功之路。

真正的強者，是能在種種挫折中不斷爬起來的人。他們對自身的能力有著清楚的認識，他們善於把握時機，抓住機會，他們會動員一切的力量，做好一切準備，只待時機一到，便大步向前，邁向成功。他們能夠平靜的看待失敗，把失敗當作是前進路上的一個必要的磨練和休養，重整行裝，爬起來再次向成功挺進。所以要記住，失敗並不可怕，可怕的是被摧毀的意志。

奧 運 小 知 識

自行車（Cycling）：

在1896年第1屆奧運會上，自行車就被列入正式比賽的項目。在奧運會發展的初期階段，只有場地、公路兩個分項的比賽。而且在小項的比賽距離和成績統計上變化較大。在20世紀20～40年代，場地、公路自行車比賽設項都相對趨於規範；20世紀50年代之後，國際自盟對奧運會自行車比賽的項目設置、競賽方法進一步規範化。同時，在奧運會上增設了賽事品質高、受觀眾喜愛的、比較成熟的競賽項目，如：山地越野賽、小輪車項目等。

第三章

信念不敗，堅持創造未來

精神的力量是無窮的，有信念的人，就有達到目標的
勇氣和決心，就有無堅不摧的生命力，只要信念不
倒，就能創造未來。

「大腳魚雷」索普
有動力才能創造奇蹟

奧運金牌得主小簡介：

索普於2000年在雪梨舉辦的第27屆奧運會上，打破400公尺、4×100公尺自由式接力世界紀錄並獲得金牌，他同時還獲得了4×200公尺自由式接力賽金牌。在2004年的雅典奧運會上，他又奪得200公尺自由式金牌以及400公尺自由式金牌。

姓名：伊恩・索普（Ian Thorpe）

性別：男

生日：1982年10月13日

身高：195公分

體重：96公斤

籍貫：澳大利亞

項目：游泳

外號：魚雷

輝煌戰績：

1998年世錦賽400公尺自由式、4×200公尺自由式接力冠軍；

1999年短池世錦賽200公尺自由式冠軍、400公尺自由式亞軍、4×100公尺自由式接力冠軍；

2000年雪梨奧運會400公尺自由式金牌、200公尺自由式銀牌、4×100公尺、4×200公尺自由式接力金牌；

2001年世錦賽200公尺自由式、400公尺自由式、800公尺自由式、4×100自由式接力、4×200公尺自由式接力和4×100公尺混合式接力冠軍，100公尺自由式第4名；

2002年泛太平洋運動會男子100公尺、200公尺、400公尺、4×100公尺、4×200公尺自由式接力冠軍，4×100公尺混合式接力亞軍；

2003年游泳世界盃50公尺自由式第五名；

2003年世界游泳選拔賽100公尺自由式第三名；200公尺、400公尺自由式選軍；200公尺個人混合式亞軍；4×100公尺自由式接力第四名；4×200公尺自由式接力冠軍；

2004年澳大利亞奧運游泳選拔賽100公尺、200公尺自由式冠軍；

2004年雅典奧運會200公尺自由式金牌，400公尺自由式金牌。

　　伊恩‧索普，1982年10月13日出生於澳洲雪梨，被認為是當今世界男子游泳最著名的選手之一。8歲的伊恩‧索普開始學習游泳，14歲便入選了澳大利亞國家隊，成為該隊歷史上最年輕的運動員，因其游泳速度驚人，人們送其綽號「魚雷」。

　　關於為什麼學游泳，索普的理由很特別，「當我看見我的姊姊在游泳池比賽的時候，我感到很不舒服，所以我決定開始學游泳。」可是，剛開始學游泳的索普並不輕鬆，他對氯過敏，這使得他在游泳時必須把腦袋挺在水面上。7歲的時候，索普參加了他的第一次游泳比賽，這是一次學校比賽，儘管姿勢怪異，索普還是拿到了冠軍。

　　8歲時索普開始正式學習游泳，他用了幾年的時間才克服了氯過敏。1995年，索普開始跟著入選澳大利亞國家隊的姊姊的教練弗羅斯特一起練習。到了1996年，13歲的他參加了亞特蘭大奧運的國家隊選拔賽，此時他的教練已經能夠斷定，年輕的索普將來一定會站在奧運的領獎台上。

　　1996年的時候，索普的姊姊開始和大衛‧威廉姆斯約會，索普也就認識了大衛年幼且特別的弟弟——麥可。大衛不願意離開他可憐的小弟弟，所以每次他和索普的姊姊克麗絲蒂娜約會的時候都會帶著麥可，於是克麗絲蒂娜也帶著自己的小弟弟索普。

　　進到白色病房去看麥可的索普才知道，他的新朋友和常人有些不同。這個拿過自行車賽冠軍的小傢伙是個普通的11歲小男孩，但他同時也是被稱作非何傑金氏的淋巴瘤侵襲的癌症患者，他沒有頭髮，沒有眼睫毛，甚至失去了講話的能力，他的腹部長有一個3.6公斤重的腫瘤，腎衰竭，而且癌細胞已擴散到他的脊椎和大腦。

　　也許出於同情，也許是因為友情，很快的，索普就和麥可成為了好朋友，他們一起看電影、玩遊戲，索普甚至常常讓麥可和他比腳玩，要知道，索普那雙17英吋的大腳是他最介意的事了，他從來都羞於向人展示那帶給他天賦游泳才能的大腳。為了鼓勵麥可，索普叫他「福斯特」——這是一本書中一個具有無限精神力量的英雄。

　　此時的索普剛剛在太平洋地區游泳錦標賽中獲得了銀牌，對這個15歲的男孩來說，游泳已經成為了一件枯燥且無意義的事，他覺得自己毫無目標，游泳也不知道是為了什麼。於是，他偷偷的從訓練隊裡跑了出來，跑去病房看望他的朋友麥可。

　　因為要從脊椎輸送藥物進入體內，麥可的脊椎上被開了數十個洞，他奄

奄一息，對母親說他不想再繼續活下去了。然而，當他看到索普的時候，他用盡全身力氣叫了出來：「伊恩‧索普！」朋友的來臨給他注入了新的精神，他奇蹟般的精力充沛，開始興奮的和索普嬉戲。

　　麥可的現狀深深的震驚了索普，後來索普回憶起這段往事時是這麼說的：「我終於認識到，我錯了。我的才能應該是一件禮物，應該是送給麥可的一件禮物。我恢復了勇氣。因為我看見了麥可，認識到生命的寶貴。後來我在訓練中感到疲勞時，我就想這不算什麼，麥可正承受著更大的痛苦。」

索普很快重新返回了訓練場，這次，他有著明確的目標，他要把勝利做為送給麥可的禮物。同樣的，麥可也找到了他新的興趣和目標——為索普加油，這給了他面對無止境的治療的勇氣。

1998年，索普再次站在了世界游泳錦標賽的400公尺決賽場上。這個15歲的孩子有著他最大的夢想，他要贏，他要贏給麥可看。

此時的麥可也坐在電視機前面，他一直緊張的唸叨著：「希望他能贏！希望他能贏！」比賽一開始，他就揮動著拳頭，對著電視尖叫：「快！索普！快！你一定能贏！」然而，最後100公尺，索普落在了第二名，而他離領先的格蘭特‧海克特還有很遠，所有人都認為，讓這個15歲的孩子趕上去是不可能的事了。

索普後來回憶說，那時的他只有一個信念，那就是贏，他要把這個勝利送給麥可。水池中的他彷彿聽到了麥可的喊聲，他高喊著：「索普要贏！一定要贏得世界冠軍！」索普被這個聲音激勵著，他越來越快，越來越快，終於奇蹟般地超過了海克特，獲得了冠軍，也成為了世界上最年輕的游泳世界冠軍。

2000年的雪梨，在一次盛大的晚宴上，索普應邀站在了講台上，他對著所有的聽眾說：「人們常問我，我的動力是什麼？」停頓了一下，他繼續認真的說：「它不是我能說的清的，但我能讓你們看見。」說完，索普走下台去，不一會兒，一個13歲的小男孩安靜地走上台來。所有人都看著這個光頭，沒有眼睫毛，憔悴但卻精神奕奕的男孩，他張開嘴，似乎在說什麼，可是沒有人能夠聽見任何聲音，他就那樣無聲的站在那裡。

突然，雷鳴般的掌聲在會場裡響起，這一刻，所有人都聽懂了麥可的話，或者說，所有人都看懂了，他的生存就是最好的註解。

　　不得不再一次的承認，體育是可以創造奇蹟的，麥可成功地戰勝了癌症，他還進入了索普曾經上學的學校，他在等待著索普的下一屆奧運會。

　　索普曾經說過：「如果你在比賽中得了第二名，並不能說明你輸了這場比賽。只有當從水中出來時你知道自己並沒有在比賽中拼盡全力，這才是真的失敗。如果你堅信你在比賽中已經付出了110％的努力，那麼你的每一場比賽都會既精彩又成功。」對他來說，他是在享受每一次比賽，因為他是為了自己的夢想和希望而戰。

　　沒有什麼可以阻止你，沒有什麼是不可能的，因為有夢想，因為有動力，所以他才能成為索普。

心靈思考

　　「魚雷」索普正是因為有了「麥可」這個動力，才贏得了輝煌的戰績，創造了無數奇蹟。他偉大的友誼，不僅僅給了麥可生存的勇氣，也給了自己奮鬥的決心。他將他的愛心，化成了最巨大的動力，這讓他在泳池裡無往不利，因為他必勝的決心比誰都要大。

　　有動力的人就有希望，他們比別人更渴望勝利，他們比別人有著更堅定的決心，所以，他們才能比其他人更快地獲得成功。懂得付出的人是快樂的人，他們在給予他人的時候自己也收穫了成功，他們的成功不僅僅代表勝利，更代表著崇高。

　　尋找你人生中的動力吧！也許是為你自己，也許是為了家人，也許只是一句話、一個微笑，但有夢想的人才能收穫明天，有動力的人才能抓住未來。別再偷懶了，就當為自己找一個奮鬥的理由也好，有夢想，才有實現夢想的勇氣和堅持，奮鬥過，你才不枉此生。所以說，動力無限的人，就可以迎向無限可能的未來。

奧 運 小 知 識

馬術（Equestrian）：

早在西元前680年舉行的古代奧運會就有雙輪馬車比賽。1900年在法國巴黎舉行的第2屆奧運會上，馬術的場地障礙是正式比賽項目之一。1912年，在瑞典斯德哥爾摩舉辦的第5屆奧運會把馬術比賽項目增加到5個，即三項賽（個人和團體）、場地障礙（個人和團體）和盛裝舞步個人。

馬術比賽的要求是：三項賽和場地障礙參賽者不低於18歲，盛裝舞步參賽者不低於16歲。對馬匹的年齡要求則是最少7歲。參賽馬要進行登記註冊並持有經國際馬聯認可的正式護照。場地障礙和盛裝舞步的騎手必須穿著正式比賽服裝。如果是軍警部隊人員，也可以穿著自己的制服。

「芬蘭飛毛腿」帕沃・魯米
逆境錘鍊人的意志

奧運金牌得主小簡介：

帕沃・魯米於1920年比利時安特衛普第7屆奧運會上，在長跑項目10000公尺比賽和兩項越野團體賽中共贏得3面金牌。在1924年巴黎奧運會上，他又獲得了1500公尺金牌、5000公尺金牌、10000公尺個人和團體金牌，以及3000公尺金牌共五面金牌。

姓名：帕沃・魯米（Paavo Nurmi）

性別：男

生日：1897年6月13日

籍貫：芬蘭

項目：長跑

輝煌戰績：

1920年安特衛普第7屆奧運會上，魯米在10000公尺和8000公尺越野個
　　　人賽、團體賽中奪得三面金牌；5000公尺長跑的銀牌；

1924年第8屆奧運會上，魯米奇蹟般地奪得1500公尺、5000公尺、3000
　　　公尺團體、10000公尺越野賽個人和團體五面金牌，成為田徑史
　　　上在一屆奧運會獲金牌最多的運動員；

1928年阿姆斯特丹第9屆奧運會，奪得了10000公尺金牌，5000公尺和
　　　3000公尺障礙賽兩面銀牌。

帕沃·魯米是「長跑之鄉」芬蘭最傑出的代表人物。他27歲時被人塑像，死後享受國葬待遇，1982年，芬蘭科學家還以「帕沃·魯米」命名了剛剛發現的一顆小行星，以紀念這位偉大的運動員，這也是第一顆以運動員名字命名的行星。

1897年6月13日，帕沃·魯米出生在芬蘭洛伊馬一個普通家庭裡。在他童年的記憶裡，沒有快樂的影子。由於家境貧寒，魯米一直過著半溫半飽的生活。12歲時，他唯一的親人——父親也離他而去了，失去依靠的魯米被迫離開了校園，踏上了求生的道路。

魯米很快找到了一份搬運工的工作，他開始每天推著笨重的車子穿梭於大街小巷。這繁重的工作並沒有讓他倒下，他從不抱怨，也不叫苦，只是默默的承受著一切。每天長時間的行走鍛鍊了他堅強的意志，也讓他練就了強健的雙腿。在回憶起那段日子的時候，魯米說，他那時候唯一的休閒就是到森林裡去奔跑，這樣他才能暫時忘記失去父親的痛苦，拋開生活的艱辛。這段時間的生活，為魯米成為一名優秀的長跑運動員打下了堅實的基礎。

1919年，魯米被徵召入伍了。在一次武裝賽跑中，他的長跑天賦展現了出來。當時，大家都戴著鋼盔、背著長槍，腰帶上掛滿武器，而且每個人還要扛著一包11磅的沙袋，所有人都跑得氣喘吁吁、汗如雨下，只有魯米輕輕鬆鬆地完成了任務，而且速度也比其他人快很多。從此，一個長跑天才就這樣被發掘了出來。

對跑步漸漸產生興趣讓魯米開始從事起田徑訓練來，他風雨無阻，有時當火車穿過森林時，他竟發瘋似的與火車賽跑起來。他還改變了過去速度慢、跑量小的訓練方法，將速度融入耐力跑之中，使得運動成績大幅度提高。他跑步時還有個獨特的習慣，就是右手拿著一個碼錶，思想集中，精確

地計算和分配每圈的時間和速度。當最後一圈鈴聲響後，他就將碼錶往地上一扔，全速跑完最後一圈。

　　1920年的安特衛普奧運會是魯米輝煌運動生涯的起點，在這屆奧運會上，他一人奪得了三面金牌，讓世界為之瘋狂。四年後的巴黎奧運會，剛剛奪得了1500公尺金牌僅僅一小時後，又出現在5000公尺的賽場上，在眾人的驚呼聲中，他再次以無可比擬的優勢贏得了他的第二面金牌，隨後，他又拿下了10000公尺長跑的個人和團體的冠軍，以及3000公尺的團體冠軍。就這樣，狂攬5面金牌的魯米成為了舉世矚目的「芬蘭飛毛腿」，而「魯米時代」也就成為了那屆奧運會的代名詞。

　　在面對生活中的逆境時，魯米從來沒有抱怨過，他只是不斷地克服困難，迎接生活的種種挑戰。他沒有被困難壓倒，而是在困境中找到了自己的

興趣，尋到了生活的目標。他努力奮鬥的汗水終於換來了甘甜的收穫——在連續三屆奧運會中，他創造了22項世界紀錄，人們總是懷念地說：「他在哪裡，哪裡就有勝利。」

心靈思考

　　你覺得逆境是什麼？它也許是人生中最奇特的東西。如果你害怕它，它會變成你最大的絆腳石，讓你一蹶不振、一敗塗地，可是如果你把它當成是磨練意志的動力，那它會成為你人生中最大的財富。正是家境貧寒的條件錘鍊了魯米。他在逆境中獲得了強壯的身體，也獲得了堅強的意志，奠定了他成功的基石。面對困難他沒有退縮，而是勇敢的接受挑戰，所以他才能成功。

　　在逆境中，接受考驗的是人的意志。逆境不是沒有未來的牢獄，它給人壓力，同時也是一種激勵人向上的積極動力，它會挑選那些勇於承擔困難、勇於直接面對人生的人，它鍛造他們、激勵他們，最終讓他們獲得成功。逆境是成材的前提條件，是一種成就強者的人生境遇，它可以使我們成功的百分比大大提高。面對逆境，我們應正視它並勇敢的克服它，有迎刃而上的積極精神，有堅持不懈的意志支撐，成功就不再遙遠。

奧 運 小 知 識

擊劍（Fencing）：

現代擊劍運動是奧運會的傳統項目。1896年在雅典舉行的第1屆現代奧運會上就設有男子花劍、佩劍的比賽。1900年在巴黎舉行的第2屆奧運會上增加了男子重劍比賽。1924年在巴黎舉行的第8屆奧運會上又增加了女子花劍比賽。1992年在巴賽隆納舉行的第25屆奧運會上，女子重劍被列為正式比賽項目。女子佩劍於2004年雅典奧運會上被正式列為奧運會項目。

法國、義大利、俄羅斯、德國、匈牙利在不同時期，都是擊劍強國。引領著世界擊劍運動發展的潮流，並各自代表一個古典的擊劍流派，其基本技術動作和戰術打法風格都有明顯的差異。

「黑羚羊」威瑪‧魯道夫
樂觀些，任何時候都不放棄夢想

奧運金牌得主小簡介：

魯道夫於1960年羅馬第17屆奧運會上，在田徑項目女子短跑100公尺、200公尺中得冠，同時在4×100公尺接力賽中獲得金牌一面。

姓名：威瑪‧魯道夫（Wilma Rudolph）

性別：女

生日：1940年6月23日

身高：181公分

體重：60公斤

籍貫：美國

項目：田徑

輝煌戰績：

1955年芝加哥第3屆泛美運動會上，取得4×100公尺接力賽金牌；

1956年澳大利亞墨爾本16屆奧運會，獲得女子4×100公尺接力賽銅牌；

1960年美國錦標賽，以22秒9的成績打破了200公尺的世界紀錄；

1960年羅馬奧運會，奪得100公尺、200公尺和4×100公尺接力賽三面金牌；

1961年7月15日在莫斯科，魯道夫和同伴以44秒3的成績打破女子4×
　　100公尺接力賽的世界紀錄；
1961年7月19日在斯圖加特，以11.2秒創下女子100公尺世界紀錄；
1959年至1962年連續4年蟬聯美國女子100公尺冠軍。

　　威瑪‧魯道夫被稱為「黑羚羊」。1960年，在羅馬舉行的第17屆奧運會期間，她在田徑場上如狂飆般一人獨得三面金牌，成為了美國第一位在奧運會上奪得金牌的女運動員。

　　然而，如果欣賞她在運動場上那矯健、靈活的身姿，誰也無法想到，這羚羊一般的女子居然曾經是個小兒麻痺症患者。魯道夫出生於一個貧苦的黑人家庭，她是22個孩子中的第20個，4歲時她就罹患了小兒麻痺症，因無錢治療，差點喪了命，後來雖然度過了危機，但她的左腿卻瘸了。然而，魯道夫的家人是她最大的支柱，他們總是堅信，她一定要站起來，正常的行走。母親每週都會把她送到專門的醫生那裡治療，兄弟姐妹們也會每天幫她按摩她的腿，希望她能夠盡快的好起來，可是，魯道夫卻始終很自卑。

　　直到有一天，魯道夫和她最親近的鄰居老爺爺一起出去玩。這個老人在戰爭中失去了一隻胳膊，同樣的不幸讓魯道夫很自然的親近他。老人推著魯道夫來到了附近的幼稚園看孩子們唱歌，孩子們動聽的歌聲打動了他們。

　　老人說：「唱得真好！我們為他們鼓掌吧！」魯道夫愣住了，她看著老人空蕩蕩的袖管，沒有作聲。老人看出了她的想法，微笑著解開了襯衫鈕子，然後用他僅有的胳膊在胸膛上用力的拍打起來，拍打的啪啪作響。然後，老人看著魯道夫說：「只要想辦法，一個巴掌同樣可以拍響，只要努

力，無論現在遭遇多大的不幸，妳一樣能站起來！」

那天晚上，魯道夫請她的父親寫了一張字條貼在牆上，上面寫著：一個巴掌也能拍響。從此以後，魯道夫開始了她艱難而又倔強的恢復過程。她每天努力地練習，咬著牙，扶著椅子，練習站立，終於，她能夠成功的站起來了。之後，她又很快地擺脫了支架，只需要穿矯形鞋走路了。

到了她11歲的時候，魯道夫還是不能如正常人般的走路，於是她的母親讓她練習籃球，以鍛鍊她腿部的力量。她加入了中學的籃球隊，因為比誰都刻苦，她的表現十分優異。很快，田納西州立大學的田徑隊教練愛德‧坦普爾就發現了她，魯道夫超人的彈跳力和流星般的速度讓他大為驚嘆，他建議魯道夫改練短跑，並親自指導她。在專業教練的指導下，她的成績突飛猛進，開始在世界大賽中獲得佳績。1956年，16歲的魯道夫第一次參加奧運會便獲得了一面接力賽跑銅牌。她的優秀，也使得教練下定決心，要把她培養成「世界頭號女飛人」，從此，魯道夫開始了更艱苦的訓練。

1960年7月9日，也就是魯道夫在赴羅馬參加奧運會的前夕，她刷新了女子200公尺的世界紀錄，成為世界上第一位突破這一項目「23秒大關」的女運動員。1960年羅馬奧運會上，魯道夫包辦了100公尺和200公尺金牌，並和隊友合力拿下了400公尺接力金牌，她不僅成為美國田徑運動史上第一個在同一屆奧運會的田徑比賽中獲三面金牌的女運動員，而且還打破一項奧運會紀錄和一項世界紀錄。因為一人獨得三面金牌，她還被評為當年的「奧林匹克小姐」，更被尊稱為「世界上跑得最快的女人」。

魯道夫跑姿優美，動作協調，步幅大而輕鬆，許多田徑專家們曾驚嘆：看魯道夫賽跑，簡直是一種美的享受。誰又想得到，這賽場上輕快的羚羊，曾經是一個連走路也很艱難的孩子呢？

心靈思考

　　還記得阿甘嗎？那個智商只有75的孩子，也是一位患有小兒麻痺症，必須依靠腳箍走路的可憐蟲，然而，他也同樣的奔跑了起來，並跑出了他奇特而豐富的一生。「生活就像一盒巧克力，你永遠不知道你會得到什麼。」所以，不必為偶然的打擊傷心沮喪，也許翻到下一頁，你所獲得的就是幸福。

　　魯道夫告訴我們，樂觀些，任何時候都別放棄夢想。風雨的侵襲不過是人生道路上一些必然經歷的低谷和失意，若是從此消沉逃避，那必將沉淪於此，再也不會有重新沐浴陽光的機會，但若是能夠勇敢的面對挑戰，用一種積極、樂觀的態度去迎接未來，那麼你會發現，失敗唯一懼怕的是微笑，只要你足夠樂觀，足夠堅決，那麼你就一定能夠迎接希望的陽光。

奧　運　小　知　識

足球（Football）：

足球是一項對抗性極強的團體競技
項目。現代足球的起源可追溯至西
元前3世紀流傳於古希臘和古羅馬
一種野蠻的手腳並用的遊戲──
哈帕斯托姆。在西元10世紀前後，
這項運動流傳於英格蘭，與當地的
原始足球混雜在一起，形成了形式
各異的早期足球遊戲。隨著時間推

移，到19世紀初，這種遊戲發展成一種類似於現代足球的遊戲。1841年，
英格蘭伊頓公學第一次出現了11人制足球比賽。這是因為當時學校的每套
宿舍住10名學生和一位教師，課後，宿舍間經常進行足球賽，最終形成了
11人對11人的賽制。

奧運會足球比賽始於1900年法國巴黎奧運會。在1900年法國巴黎奧運會和
1904年美國聖路易斯奧運會上，足球比賽做為表演項目。1908年，在英國
倫敦奧運會上成為正式比賽項目。

1984年國際足聯做出了歐洲和南美洲參加過世界盃決賽的球員不得參加奧
運會足球賽的決定；1988年國際足聯在此基礎上又做了如下規定：奧運會
足球運動員年齡限制在23歲以下，每隊允許有3名超齡球員。

「乒壇常青樹」華德納
堅持源於熱愛

奧運金牌得主小簡介：

華德納於1992年在巴賽隆納舉辦的第25屆奧運會上奪得桌球男單冠軍。

姓名：華德納（Jan-Ove Waldner）

性別：男

生日：1965年10月3日

身高：178公分

體重：76公斤

國籍：瑞典

項目：桌球

輝煌戰績：

1984、1986、1988、1989、1993、1995、1996年歐洲12強男單冠軍；

1987年第38屆世桌賽男單亞軍；

1989年第39屆世桌賽男單冠軍；

1990年世界盃男單冠軍；

1991年第40屆世桌賽男團冠軍、男單亞軍；

1992年第25屆奧運會男單冠軍；

1993年第41屆世桌賽男團冠軍、男單四強；

1997年第43屆世桌賽男單冠軍，卡塔爾、日本公開賽男單冠軍；

1999年卡塔爾公開賽男單四強，第44屆世桌賽男單四強；

2000年克羅地亞公開賽男單四強，第27屆奧運會男單亞軍，第45屆世
　　　桌賽男團冠軍；

2001年中國、德國公開賽男單四強，丹麥公開賽男單亞軍，世桌賽男
　　　團第三名；

2002年歐錦賽男單八強，奧地利公開賽男單亞軍，中國公開賽男單八
　　　強；

2004年世桌賽男團第四名，歐洲12強賽排名第9，雅典奧運會男單第四
　　　名，男雙八強，世界盃並列第五名。

　　華德納的母親回憶兒子的童年趣事時曾提到這樣一幕：「一天夜裡，他已進入夢鄉，手卻緊緊握著。當我用力撥開他的小手，發現裡面有個桌球……」從幼年開始，對桌球的熱愛就深深地鑴刻在了華德納的心中，從此，再也不曾改變。

　　6歲開始打桌球的華德納，12歲時就拿到了他的第一個冠軍。在瑞典桌球協會舉辦的桌球比賽中，他擊敗了一個比他高出一個頭的選手。退場後，那個人問他：「怎樣才能夠打敗一個你都看不到他頭頂的對手？」其實誰都知道，對桌球無比的熱愛和執著就是他獲勝的法寶。

　　1980年，14歲的華德納來到中國上海，在這裡，他輸的很慘，於是他決定留下來學習。短短六週的時間裡，他學到了一個重要的東西，光有熱愛還不夠，還必須有足夠的訓練。六週後，回到瑞典的華德納脫胎換骨，再次出

現的他，將中國的近台快攻打法與歐洲中遠台兩面拉弧圈打法融為一體，成為了當之無愧的歐洲桌壇第一人。

1983年，18歲的華德納對陣22歲的蔡振華，決勝局中，兩人八次打平，最後蔡振華以30比28險勝，這個年輕的瑞典人，從此成為了中國桌球界最強大的對手。蔡振華、江嘉良、陳龍燦、王濤、馬文革、孔令輝、劉國梁、王勵勤、馬琳，五代中國桌球選手起起落落，只有他，還一個人堅守在桌球台旁。他說：「在桌球這個項目中，我認為年齡不是一個大的障礙，我相信自己還能贏得更多的冠軍。」

1992年的巴賽隆納奧運會，他戰勝法國的蓋亭奪得了金牌。在場的體育記者評論道：「這個男人的球技超越了整個時代，簡直就像是從外星球來的一樣。」

2000年的雪梨奧運會，當蔡振華走下運動場，當上教練的時候，他在台上與劉國梁戰鬥著。三比零，完勝劉國梁。總決賽，他遇到了孔令輝，二比三，獲銀牌。2004年的雅典奧運會，劉國梁已經走下賽場，成為了中國國家隊的總教練，孔令輝也同樣執教於女桌，而39歲的華德納還在獨自堅守著，他依舊打敗了中國隊的馬琳和德國的波爾。

華德納說：「是對桌球發自內心的喜愛讓我有了常人所沒有的意志力。我至今沒有想過要退休，如果可能的話，我還要打下去。」19次排名第一，唯一一名在歷史上同時獲得奧運會金牌、世桌賽冠軍和歐洲錦標賽冠軍的男子選手，這天才般的桌壇「常青樹」，所憑藉的不過是對桌球無與倫比的熱愛。

2006年的不來梅世錦賽上，華德納選擇了退休。有人說，缺少華德納的桌壇是寂寥的，沒有與華德納交鋒的人是遺憾的。後來者只能四顧茫然而感

嘆生不逢時，手執利刃而體味孤獨，因為尋不到他的蹤跡，無人輕易敢稱天下第一。他三十多年的桌球生涯，已經成為了一個傳奇。

熱愛是一種很美好的感覺，甚至常常感動你自己。只要心中有那種堅定的信念，朝著既定的目標努力，那麼，不論是否能夠獲得成功，這一路上的汗水和努力都會讓你獲得快樂和滿足。有時候，懷抱著快樂的心情去奮鬥，比獲得特定的成功更為重要，我們更應該學著去享受過程，而不是追求結果。

何況，發自熱愛的奮鬥往往會獲得成功。人們說，興趣是最好的老師，那麼也可以說，熱愛是最大的推動力。只要是真心的去熱愛，那麼，你不會去計較得失，不會害怕付出，不會懼怕挑戰，當你全心的投入的時候，你也會發現，原來成功來得這麼容易，來得這麼快樂。

奧運小知識

體操（Gymnastics）：

體操包括競技體操、藝術體操、跳床、健美操、技巧5個競技性項目。目前，競技體操、藝術體操、跳床同屬奧運會體操項目。

1896年第1屆雅典奧運會，設立了鞍馬、吊環、跳馬、雙槓和單槓項目，還有爬繩。但沒有地板項目，也只有男子體操比賽。在以後的奧運會上，體操比賽先後增設了火棒操（後改為輕器械體操）、瑞典式體操、歐洲式體操等體操比賽。1932年洛杉磯第10屆奧運會上，增設了地板。1936年的柏林第11屆奧運會上，體操比賽才真正形成目前的男子6項比賽；輕器械體操、瑞典式、歐洲式等體操比賽則從男子體操比賽中取消。那次奧運會還開設了女子體操比賽項目，但女子比賽項目的完善與定型是在1960年的第17屆羅馬奧運會才完成的。

1984年，第23屆洛杉磯奧運會，藝術體操被列為正式比賽項目。2000年，第27屆雪梨奧運會，跳　床被列為正式比賽項目。

「鐵榔頭」郎平

有信心，才能一錘定音

奧運金牌得主小簡介：

郎平在1984年洛杉磯奧運會上，帶領中國國家女排隊贏得了女子排球的金牌。

姓名：郎平

性別：女

生日：1960年12月10日

籍貫：中國天津

身高：184公分

項目：排球

輝煌戰績：

1978年郎平隨中國隊獲第8屆亞運會女排比賽銀牌；

1979年獲第2屆亞洲女子排球錦標賽冠軍；

1981年獲德國不來梅國際排球邀請賽冠軍，個人獲得「最佳攻球手獎」；

1981年獲得第3屆世界盃女排賽冠軍，個人獲「優秀運動員獎」；

1982年獲第9屆世界女排錦標賽冠軍；

1982第9屆亞運會女排比賽金牌；

1983年在世界超級女排賽上獲得冠軍；

1984年獲第23屆洛杉磯奧運會女排比賽金牌；

1985年獲上海「新民晚報杯」國際邀請賽、「海鷗杯」國際女排邀請
　　　賽冠軍；

1985年第4屆世界盃女排賽冠軍，並獲「優秀運動員獎」和「最佳運動
　　　員獎」；

1989年帶領義大利摩迪那俱樂部女子排球隊獲義大利杯賽冠軍；

1990年回到中國國家隊，帶領中國女子排球隊獲第11屆女子排球錦標
　　　賽亞軍；

1991年率新墨西哥州大學女子排球隊獲美國東部地區女子排球賽冠
　　　軍；

1995年開始執教中國女排，同年率隊獲得世界盃女子排球賽第三名；

1996年率領中國女排奪得亞特蘭大奧運會銀牌；

1997年率國家隊獲第9屆亞洲女排錦標賽冠軍；

1998年奪得第13屆世界女排錦標賽亞軍、第13屆亞運會排球比賽金
　　　牌；

2002年以全票入選排球名人堂，成為亞洲排球運動員中迄今獲此殊榮
　　　的第一人。

　　在很多中國人，特別是三十至六十五歲的中國人眼裡，中國女排的意義
已經超越了體育。80年代五連冠的輝煌歷史，不僅僅是如今的中國女排所無
法複製的榮耀，恐怕也是世界女排都無法複製的奇蹟了。而在這個奇蹟的創
造者中，有一個最閃亮的名字——郎平。從某種意義上說，郎平已經不能代
表她自己了，中國人早已經把她視為一種奮鬥精神的象徵。

1960年的冬天，郎平出生於天津一個普通的家庭。那時還是中國三年自然災害的尾聲，食物仍然很昂貴。體弱多病的郎平只能依靠小米粥補充營養，可是她母親卻平靜的說：「那時的生活就是這樣的，有什麼值得奇怪的。」也許正是母親的這種心態影響了郎平，讓她一直都能夠懷抱著平靜去面對每一次挑戰。

漸漸長大的郎平也是個不服輸的女孩子，她什麼都要做到最好。有一回，幾個男孩子要和她比賽爬樹，看誰爬得高。別的女孩子看到那高高的樹，嚇得腿都軟了，可是郎平不怕，她只抬頭看了看，便毫不猶豫的爬了上去。站到高高的樹杈上的郎平得意的向下面的小夥伴們招起手來，這下子，連男孩子也甘拜下風了。

13歲那年，已經長到了169公分的郎平順利的被北京業餘體校排球隊選中了。剛加入排球隊的孩子們興奮極了，覺得自信滿滿，沒有什麼做不到的，可是當訓練一天天進行下去的時候，很多人就打起了退堂鼓。和郎平一起進入排球隊的小陳就已經放棄了，她對郎平抱怨說：「雖說咱倆在學校裡都酷愛體育，可是這麼大運動量的訓練，我可從沒經歷過。我父母可不願意讓我受這份罪，每天累得什麼似的，他們可心疼了。」就這樣，一個個朋友都退出了訓練，漸漸的，就只剩下了郎平一個人。

每天一個人去體校繼續那枯燥乏味又艱難的訓練，對一個13歲的小姑娘來說，實在是很難堅持，郎平也想過放棄，她更想和朋友們一起嬉戲，可是父母會這樣安慰她：「平平，吃點苦算什麼，妳既然喜歡打排球，就不能半途而廢。」想到自己熱愛的排球，郎平又重新鼓起了勇氣，開始她日復一日的艱苦訓練。每天的訓練，讓她的鞋子幾乎一個月就要破一雙，可是她再也沒有叫過苦、叫過累，就這樣，她一天天成長起來，從業餘體校到全國排球聯賽，再到國家隊，她的技術越來越好。18歲時的她，彈跳力驚人，摸高可

達3.17公尺，快攻變化多，網上技術突出，以四號位高點強攻著稱，成為了中國國家隊的核心人物。

1984年的洛杉磯奧運會，中國女排背負著全國人的希望走進了奧運賽場。在這之前，她們已經拿下了1981年女排世界盃、1982年世界錦標賽的冠軍，這些金牌給了她們極大的信心，卻也給了她們巨大的壓力。她們很清楚，背後是數十億中國人的期盼，她們不能輸，她們也不敢輸。

然而，因為壓力太大，最初的幾場比賽她們都發揮的不太理想，這讓郎平背上了沉重的包袱，她不知道接下來的比賽該怎麼打，她感到自己手足無措，什麼能力都發揮不出來了。當時的主教練袁偉民看出了郎平的心理壓力，於是找到了郎平，狠狠的批評了她幾句：「妳現在有什麼放不下的啊？不就是個世界冠軍嗎？有啥了不起的……」幾句話正戳到了郎平的痛處，那一夜，她就在房外大哭了一場，哭了個驚天動地。這一哭，可把代表團的領隊嚇著了，女排姑娘可是中國人的寶貝啊，要是影響了比賽，那可不是小事。可是袁偉民卻放下心來了，他很清楚，郎平這一哭，就什麼負擔都沒有啦，以後的比賽就等著看鐵榔頭表演吧！

沒有人比袁偉民更瞭解郎平了，之後的比賽，郎平越打越順手，她連連扣殺，毫不留情，而且每扣必準，順利帶領女排進入了奧運會決賽。

女排的決賽是在中國和美國之間進行的。走進決賽現場的女排姑娘們，看到了一個大大的電視顯示幕，螢幕上播放著的是美國人事先製作好的電視畫面，畫面上，美國女子排球隊的主教練塞林格和三大主力海曼、格林、克羅克特都已經掛上了奧運會金牌！可惜的是，今天的郎平已經不再是昨日的郎平了，就算是面對著預賽中慘敗給美國隊的事實，今天的郎平卻已經對自己充滿了自信，不再畏懼一切的挑戰了。看到這一幕，郎平微笑著對身邊的

隊友說：「瞧啊！她們多想拿金牌呀，不過這一次，咱們得把掛在她們脖子上的金牌摘下來。」

信心十足的郎平沒有再給對手機會，在她帶領下的中國女排，輕輕鬆鬆以3：0戰勝了美國隊，把金牌從美國人脖子上摘了下來。

今天的郎平，已經走下了比賽場，成為一名出色的排球教練，面對著生命中的一次次比賽，她認真的說：「我們打的從來都不是利益，而是人類精神。」

心靈思考

今天的郎平已經成為了一個精神符號，對於大部分中國人來說，她已經成為了女排精神的代名詞。這個詞的含意很豐富，它包含了堅持、奮鬥和自信。對郎平來說，她之所以可以次次扣殺，不僅僅是因為她之前無數個日夜的苦練，更是因為她相信自己可以獲勝。她也曾猶豫、害怕，不過她最終克服了自己的恐懼，她給了自己信心，她相信自己可以拿金牌，這自信給了她無往不利的勇氣，讓她充滿鬥志，也讓她成為了一個傳奇。

自信的人才會擁有鬥志，因為他會對自己的未來充滿信心，他有著贏的渴望，也有贏的勇氣。信心可以讓人生機勃勃，讓人充滿希望，它可以給人面對一切挑戰的能量，讓人無懼於一路的風霜雪雨，無懼於一切的挫折打擊，而堅定的朝著自己的目標前進。大仲馬說：「自信和希望是青年人的特權。」如果年紀輕輕的你已經喪失了對自己的信心的話，那麼你也就喪失了未來的希望。拿出你的勇氣來吧，讓自信成為你前進航程中的帆，送你一段順風順水的好旅程吧。

奧 運 小 知 識

棒球（Baseball）：

棒球運動是一種以棒打球為主要特點，團體性、對抗性很強的球類運動項目。它在國際上開展較為廣泛，影響較大，被譽為「競技與智慧的結合」。

棒球運動源於英國的板球。1839年，美國人竇布戴伊舉辦了第一場與現代棒球運動十分相仿的比賽。1845年，美國人亞歷山大‧喬伊‧卡特賴德為統一名稱和打法，制訂了有史以來第一部棒球競賽規則。規定的場地圖形和尺寸至今仍沿用，並正式採用了棒球（Baseball）這一名稱。其中多數規則條文迄今仍繼續使用，棒球（Baseball）這一名稱也一直沿用至今。因此，現代棒球運動源於英國而發展於美國。

1937年，在美國成立了世界棒球協會，後改稱為國際棒球聯合會。1978年國際棒聯得到國際奧會的承認，1984年棒球被列為奧運會表演項目，1992年被列為奧運會正式比賽項目。

「神奇小子」卡爾・劉易士
先訂立目標，才能達到目標

奧運金牌得主小簡介：

卡爾・劉易士於1984年在洛杉磯舉辦的第23屆奧運會上獲得男子100公尺金牌，在接下來的跳遠、200公尺和4×100公尺接力賽中，他又一一摘取桂冠。

在1988年漢城舉辦的第24屆奧運會上，劉易士奪得100公尺及跳遠金牌。

在1992年塞羅那舉辦的第25屆奧運會上，劉易士在跳遠項目及4×100公尺接力賽中獲得奧運金牌。

在1996年亞特蘭大舉辦的第26屆奧運會上，劉易士獲得跳遠項目的金牌。

姓名：卡爾・劉易士（Carl Lewis）

性別：男

生日：1961年7月1日

身高：188公分

體重：80公斤

國籍：美國

項目：田徑

輝煌戰績：

1981年獲世界盃賽跳遠冠軍（8.15公尺）；

1981年獲美國體育最高獎——沙利文；

1983年在赫爾辛基首屆世界田徑錦標賽上大放異彩，獲100公尺（10秒07）、跳遠（8.55公尺）和4×100公尺接力賽（37秒86，世界紀錄）三項冠軍；

在1984年洛杉磯奧運會上，他憑藉自己的天賦、勤奮、信心和勇氣，將驚人的速度和彈跳集於一身，一人獨得四面金牌（100公尺、200公尺跳遠、4×100公尺接力賽），其中的200公尺和4×100公尺接力賽分別打破了奧運會紀錄和世界紀錄，重現了歐文斯在柏林奧運會上創造的並保持了48年之久的奇蹟，實現了他個人的夢想，被稱為「歐文斯第二」；

1985年，他的100公尺成績為9秒98，排年度世界第一；

1987年獲第2屆世界錦標賽跳遠金牌（8.67公尺）、4×100公尺接力賽金牌（37秒90）和100公尺金牌（9秒93，平世界紀錄）；

1988年在第24屆奧運會上，獲100公尺、跳遠兩面金牌和200公尺銀牌；

1991年在第3屆世界錦標賽上以9秒86的成績獲100公尺冠軍，並打破了該項世界紀錄；

1992年在第25屆奧運會上，再獲跳遠和4×100公尺接力賽兩面金牌；

1996年第26屆奧運會又獲跳遠金牌和4×100公尺接力賽金牌，創造了連續4屆在奧運會上獲得跳遠金牌的奇蹟；

1983年、1984年均被評為世界最佳運動員。

這是一個真實的故事：

在美國一所普通的中學，有一個黑人小伙子，是學校裡的跳遠運動員。有一天，他穿了一件很特別的背心來到了學校，背心上印了一個「W」，還有幾個醒目的大字：「7.62公尺」。他的朋友覺得很奇怪，問他說：「7.62公尺是什麼意思啊？」男孩很認真的告訴他的朋友：「這是我的目標，高中畢業前，我要跳過7.62公尺！」朋友不可置信地笑了：「別開玩笑了，我們這裡從來就沒有跳過7.62公尺的人呢，你還真敢想啊！」

男孩不再說話了，也許朋友覺得這是不可能的，可是他不這麼覺得，他一直堅信，只要他能夠堅持練下去的話，他就一定能夠達到這個目標。他開始日夜苦練，只懷抱著一個信念：我要跳過7.62公尺。

就這樣日復一日，他能夠跳過的距離越來越大，1979年，他跳過了7.85公尺，大大超越了他7.62的目標。可是，這雄心勃勃的男孩並沒有就此滿足，這次，他在床頭貼上了一張紙：「卡爾將是跳過8.20公尺的運動員之王」。從此，他開始了向新的目標的挑戰。

這個小伙子全名叫做卡爾·劉易士，他後來成為了世界上最著名的田徑運動員，美國黑人田徑超級巨星，是現代田徑史上難得的奇才、非凡的短跑家和跳遠名將，被譽為「歐文斯第二」。

劉易士出生於美國阿拉巴馬州伯明罕的一個體育世家，父母都是田徑教練。父親比爾是一位有天賦的田徑和橄欖球運動員，母親艾英琳曾是跨欄和跳遠運動員，曾入選美國隊參加過泛美運動會。

劉易士兩歲時，他們一家移居到費城的威靈博羅，他的父母在當地開辦了一所業餘田徑學校。因為年紀太小，所以母親每次去學校的時候都會帶著劉易士，他就這樣在沙坑和跑道邊慢慢地長大了。因為每天耳濡目染的都是

田徑，小小的劉易士很快也迷戀上了田徑運動，而他的偶像，就是那位著名的傑西‧歐文斯了。

就在劉易士10歲那年，一次偶然的機會，歐文斯來到了他父母的這所學校，興奮的劉易士趕忙上前去和他心目中的偶像合影，到現在他還記得，歐文斯是如何和藹地鼓勵他好好練田徑的。歐文斯的鼓勵讓劉易士的興趣更大了，他開始更勤奮的練習，希望自己有一天能夠超越歐文斯。

1979年，18歲的劉易士已長成身高188公分，健美結實的小伙子了，他考入了有田徑傳統的休士頓大學攻讀電訊專業。在這裡，他得到了著名教練湯姆‧泰勒斯的賞識，泰勒斯一眼就看出了這個小伙子非凡的速度和跨越能

力，他開始針對劉易士的特點對他進行指導。在他的教導下，劉易士練就了23步、長達52公尺的跳遠助跑，速度達每秒11.80公尺，超過了所有跳遠運動員。這驚人的速度，使得他有長達一秒半的騰空時間，這樣，他就將跳遠姿勢由原來的挺身式改為後來的空中「走」三步半的「雙剪式」，大大提高了自身成績。

隨著不斷的創新，以及長時間訓練的進行，劉易士跳遠與短跑的技術日臻精湛和完美，他不僅在跳遠方面無人能及，就是短跑也是一馬當先，成為了世界最優秀的短跑兼跳遠選手。

1984年的洛杉磯奧運會，劉易士在100公尺（9秒99）、200公尺（19秒8）、跳遠（8公尺54）和4×100公尺接力賽（37秒8，破世界紀錄）比賽中勇奪四面金牌，直抵傑西‧歐文斯曾經在1936年德國奧林匹克運動會上的成績，被人們驚譽為「神奇小子」。

賽後，他將一面金牌送給了歐文斯的遺孀，以表示對歐文斯的尊敬，另外三面金牌送給了自己的父母，以表達對父母養育之恩的感謝。就在漢城奧運會的前夕，劉易士的父親因為癌症不幸去世，劉易士將他100公尺的金牌放入了父親的棺木中做為陪葬，他說：「那是我的第一面奧運會金牌，有父親的心血和期望。當時，全家人都很吃驚，沒想到我會把它做為送給父親永別的紀念物，讓它伴隨父親長眠。那是我的心意。」

劉易士很快就贏得了他的第二面100公尺金牌，這是1988年的漢城奧運會，他還同時衛冕跳遠冠軍。在1992年巴賽隆納奧運會的田徑場上，劉易士以3公分的優勢擊敗世界紀錄保持者邁克‧鮑威爾，贏得了跳遠項目上的第三面奧運金牌，他還同時獲得了4×100公尺接力賽的金牌，這時候的他已經是31歲了。不過，劉易士的傳奇還沒有結束。1996年，時年35歲的卡爾‧劉

易士第四次摘取奧運跳遠金牌，將「卡爾王」的奇蹟續寫成永遠的傳奇。

　　談起自己的運動生涯，劉易士說：「對田徑運動的熱情是我投身其中的唯一原因，我想透過自己所做的一切號召更多的美國青年參與到田徑中來。」甚至到了多年以後，有記者問劉易士：「田徑並沒能為你帶來財富，如果給你再次選擇的機會，你還會選擇田徑嗎？」劉易士認真的回答：「財富並不重要，重要的是我愛田徑，為了愛，我只能有一個選擇。」

心靈思考

　　劉易士似乎從來就沒有迷茫過，他一直很清楚自己要的是什麼，他自始至終都有著堅定的目標，當然，他也有達到這一目標的勇氣和決心，這便是他成功的原因所在。

　　做每一件事之前，都應該有著明確的目標。你需要做什麼，你要如何去達到它，有計畫的人才會思路清晰，才能把握好自己每一步的方向，才能更快的到達終點。沒有目標的人沒有希望，他們每天沉浸在空想和茫然之中，他們不知道自己要做什麼、該做什麼，他們就這樣在漫無目的的遊蕩中消耗了生命，最終一事無成。

　　有目標的人生才有希望。英國前首相本傑明說：「成功的秘訣在於堅持目標。」所以，成功的第一步在於訂立目標。有了目標，就有了奮鬥的方向，就有了前進的動力。貝爾曾說：「想著成功，看著成功，心中便有一股力量催促你邁向期望的目標，當水到渠成時，你就可以支配環境了。」別再猶豫了，快快確定你的目標吧！有了目標，才有達到目標的渴望，才能最終達到目標。讓我們都做好這第一步吧！給自己一個目標，也給自己一份希望。

奧 運 小 知 識

曲棍球（Hockey）：

曲棍球是較早進入奧運會的項目之一。1908年，男子曲棍球被列入第4屆倫敦奧運會比賽項目，但在1912年斯德哥爾摩奧運會上，曲棍球項目被排除在外。1920年的安特衛普奧運會上，曲棍球又重新回到奧運賽場上。在1924年的巴黎奧運會上，巴黎奧運會的舉辦者以曲棍球運動沒有統一的國際組織為由拒絕接受。從1928年阿姆斯特丹舉行的第9屆奧運會起，曲棍球成為常設比賽項目。女子曲棍球項目在1980年第22屆莫斯科奧運會才開始增設。

「橡皮人」雷蒙・艾瑞
用信念擊敗病魔

奧運金牌得主小簡介：

雷蒙・艾瑞獲得了1900年巴黎奧運會的立定跳高、立定跳遠和立定三級跳遠3項冠軍；1904年聖路易斯奧運會上的立定跳高、立定跳遠和立定三級跳遠3項冠軍；1908年倫敦奧運會上的立定跳高、立定跳遠2項冠軍共八面金牌。

姓名：雷蒙・艾瑞（Raymond Ewry）

性別：男

生日：1873年10月14日

籍貫：美國印地安那州

項目：立定跳高、立定跳遠、立定三級跳

輝煌戰績：

1900年巴黎奧運會，獲立定跳高、立定跳遠和立定三級跳遠三面金牌；

1904年聖路易斯奧運會，獲立定跳高、立定跳遠和立定三級跳遠三面金牌；

1906年在雅典舉行的「中間奧運會」，獲立定跳高和立定跳遠兩面金牌；

1908年倫敦奧運會，獲立定跳高和立定跳遠兩面金牌。

　　到了今天，雷蒙・艾瑞的故事恐怕也只能用奇蹟來形容了，一個殘疾人，透過自己不懈的努力，不僅成功地擺脫了輪椅，更神奇地包辦了連續三屆奧運會的八面金牌。

　　1873年10月14日，艾瑞出生於美國印第安那州的拉斐特，他從小就體弱多病，很小的時候，就罹患了小兒麻痺症。小兒麻痺症（脊髓灰質炎）在今天已經基本上被消滅的一種病，但在一個世紀前，那還是導致兒童身體殘疾的一種常見病。小兒麻痺症給艾瑞留下了局部肌肉萎縮的後遺症，小艾瑞被人斷定，這一生只能在輪椅上度日了。父母抱著他四處求醫，但在當時，沒有人能夠治癒這種病。後來，一位醫生建議他練習立定跳躍以增強腿部力量和活動能力，加快恢復健康的程度。按照醫生的囑咐，艾瑞開始了嚴格而艱難的訓練。

　　對小艾瑞來說，他只有一個信念，他不甘心就這樣被定格成一個殘疾人，他不要這一生只能在輪椅上度過，他要站起來，他要和正常人一樣。就這樣，在每天枯燥單調的重複訓練中，艾瑞重新站了起來，他覺得自己又獲得了第二次的生命，他開始不滿足於僅僅與普通人一樣，而是開始進行體育運動，希望能夠讓自己更健壯。

　　1890年，艾瑞進入了普渡大學學習機械工程。在這裡，他加入了Sigma Nu兄弟會（男同學的社交活動團體），成為了一名橄欖球運動員，同時還擔任了學校的田徑隊隊長。之後，他又加入了紐約運動員俱樂部，被吸收為會員。在俱樂部專業教練的指導下，他決定將全部精力都放在練習立定跳遠、立定跳高和立定三級跳遠三個項目上。

　　這個消息讓很多熟悉他的人都覺得不可思議，要知道，這三個項目都完全沒有助跑，僅憑下肢、腰部和手臂在一瞬間的爆發和協調來決定成績的，

因此對運動員的基本身體素質要求極高，而艾瑞卻是一個患過肌肉萎縮症的
人。很多人都覺得艾瑞簡直是瘋了，他們好心地勸告艾瑞放棄這不切實際的
想法，但艾瑞一點也沒有猶豫，他決定做的事情，他就會毫不猶豫的去做。

1900年，一個身材高大、相貌英俊、雙腿修長健壯的男子出現在第二屆奧運會的賽場上。在這屆奧運會上，首次增設了立定跳躍的角逐，有立定跳高、立定跳遠和立定三級跳遠，7月16日，27歲的艾瑞在運動會上包辦了立定跳躍全部三個項目的冠軍，成績為立定跳高1.655公尺（創世界紀錄）、立定跳遠3.21公尺、立定三級跳遠10.58公尺。在場的觀眾沒有一個人看得出，這個人曾經是一個罹患小兒麻痺症、需要依靠輪椅行走的殘疾男孩。

這次奧運會後，艾瑞的故事被宣傳到了世界各地，人們親切地稱他為「橡皮人」，因為他在空中舒展拉伸的姿態特別的優美，更因為他沒有被病魔擊倒，反而堅強地站了起來，用金牌證明了他的堅強與奇蹟。

4年後的1904年，在美國聖路易舉行的第3屆奧運會上，艾瑞再次重現了他四年前的輝煌，蟬聯了立定跳躍的全部三項冠軍，成績為立定跳高1.50公尺、立定跳遠3.476公尺（創世界紀錄）、立定三級跳遠10.55公尺。

第一屆夏季奧運會的10年之後，希臘人希望雅典成為奧運會的固定承辦城市，但國際奧委則反對這種做法，他們希望奧運會能夠輪流在各國舉辦。經過協商，國際奧會同意雅典在兩屆正式奧運會之間舉辦一屆國際性的運動會，即「中間奧運會」。1906年，在這僅有一屆的為紀念現代奧運會10年而舉辦的雅典「中間奧運會」上，艾瑞又獲得立定跳高和立定跳遠的兩項冠軍。

1908年，35歲的艾瑞寶刀未老，再一次出現在倫敦第4屆奧運會上。在立定跳高中，他越過了1.575公尺的高度，第三次蟬聯該項的冠軍。立定跳遠的比賽中，他再度奪冠，成績是3.335公尺。但由於本屆奧運會取消了立定三級跳遠的比賽，他失去了繼續蟬聯立定三級跳遠的機會。這樣，他的金牌總數達到了八面之多（如果加上中間奧運會中的兩面，應該為十面）。

1912年，39歲的艾瑞壯心不歇，試圖參加斯德哥爾摩第5屆奧運會，但因年齡太大，最後未能成行。這屆奧運會上，美國選手普‧亞當斯以1.63公尺的成績獲立定跳高冠軍，希臘選手康‧齊克利蒂拉斯以3.37公尺的成績獲立定跳遠冠軍，他們的成績都未能超過艾瑞的紀錄。

這次奧運會後，立定跳躍項目就被取消了，因此，艾瑞就成了現代奧運史上永久的奧運會紀錄保持者，3.47公尺的立定跳遠紀錄，成為人類運動史上一個永遠無法被改寫的數字。

心靈思考

信念總是可以創造奇蹟。艾瑞堅信他能夠重新站起來，所以他站起來了；艾瑞堅信他可以和正常人一樣，所以他可以跑了，可以跳了；艾瑞堅信他可以跳得更高、更遠，所以他成為了永遠的紀錄保持者。他用自己的行動證明了，疾病在他面前才是不堪一擊的，他才是可以笑到最後的強者。

所有人都不願意成為病魔侵襲下的受害者，可是人的一生，卻難免有疾病的困擾，如果疾病影響了你的生活，甚至給予了你一生都無法治癒的傷害的時候，你該怎麼辦？這個時候，我們不妨看看艾瑞，如果艾瑞可以從一個小兒麻痺症患者成為世界上跳得最高、最遠的人，那麼，我們為什麼不能讓自己成為一個正常人呢？不必有艾瑞那樣的輝煌，我們只要讓自己勇敢的生活下去，勇敢的面對生命中一次次的挑戰，這又何嘗不是勝利呢？

正所謂「置之以禍難而觀其勇」，生命中遭遇的不幸，正好可以讓我們知道，誰才是生命中的勇者，誰可以將不幸轉化成生命的勇氣，開拓出屬於自己的一片天空。

奧 運 小 知 識

舉重（Weight Lifting）：

1896年的首屆奧運會上舉重就被列為9個正式比賽項目之一。這次比賽不按體重分級,舉重方式只設單手和雙手舉。英國人勞‧伊里亞德舉起71公斤獲得單手舉冠軍;丹麥人維‧強生舉起111.5公斤獲得雙手舉冠軍。

第一次按體重分級是1905年在德國柏林舉行的第6屆世界舉重冠軍賽。當時按體重分為3個級別,即70公斤級、80公斤級和80公斤以上級。比賽舉法有左手抓舉、右手抓舉、雙手推舉、雙手挺舉4種。

1920年,在比利時安特衛普舉行的第7屆奧運會上,舉重項目重新復出。比賽按體重分為5個級別,比賽項目為單手抓舉、單手挺舉和雙手挺舉3種。1928年,在荷蘭阿姆斯特丹舉行的第9屆奧運會上,舉重項目取消單手比賽,一律改為雙手推舉、雙手抓舉和雙手挺舉。體重級別仍分為5個。

1976年,在加拿大蒙特婁舉行的第21屆奧運會上,舉重項目取消了推舉。從此,舉重進入了以速度和爆發力為主的新時代。

「冰美人」霍爾金娜
完美表演來自於良好心態

奧運金牌得主小簡介：

霍爾金娜在1996年美國亞特蘭大奧運會上獲得女子高低槓冠軍。2000年澳大利亞雪梨奧運會，女子高低槓冠軍。

姓名：斯維特蘭娜・霍爾金娜（Svetlana Khorkina）

性別：女

生日：1979年1月19日

身高：164公分

體重：47公斤

國籍：俄羅斯

項目：體操

輝煌戰績：

1994年瑞典斯德哥爾摩歐洲錦標賽，女子高低槓體操第一名；

1994年德意志多特蒙德世錦賽，獲女子高低槓、跳馬第二名，地板第
　　　八名，個人全能第九名；

1995年歐洲杯決賽，女子體操個人全能第一名，高低槓第二名，跳
　　　馬、地板第三名；

1995年馬來西亞沙巴（州）世錦賽，榮獲女子高低槓冠軍，跳馬第五
　　　名，個人全能第二名，團體組賽第四名；

1996年英國伯明罕歐洲錦標賽，女子高低槓體操冠軍，跳馬第四名，
　　　個人全能第六名，團體組賽亞軍；

1996年波多黎各聖胡安世錦賽，女子高低槓體操冠軍，跳馬第三名；

1997年瑞士洛桑世錦賽，分別獲女子個人全能冠軍和平衡木、地板比
　　　賽第二名；

1998年俄羅斯聖彼得堡歐洲錦標賽，分別獲個人全能、高低槓、地板
　　　第一名，團體組賽亞軍；

1999年希臘佩特雷歐洲體操大師賽，女子團體組體操冠軍；

1999年中國天津世錦賽，女子高低槓體操冠軍，地板第三名，個人全
　　　能第十二名，團體組賽第二名；

2000年法國巴黎歐洲錦標賽，分別榮獲女子團體組賽、個人全能、高
　　　低槓、平衡木體操第一名；

2001年比利時根特世錦賽，女子個人全能、跳馬、高低槓體操分別獲
　　　第一名，團體組賽亞軍，成為其世錦賽最好成績；

2002年希臘佩特雷歐洲錦標賽，分別榮獲女子團體組賽、個人全能、
　　　高低槓體操第一名，地板第二名，平衡木第五名；

2002年匈牙利東部城市德布勒森世錦賽，女子平衡木體操第四名，高
　　　低槓第七名；

2003年美國加利福尼亞州阿納海姆世錦賽，女子個人全能冠軍，團體
　　　組賽第六名。

有人說，在體操的世界中，身高超過160公分的話，就註定是個天生的障礙，但是，總會有些人打破這些所謂的禁忌，展現他們無與倫比的美麗。

比不上科馬內奇7個滿分的完美，霍爾金娜常常會犯一些技術上的小毛病，也許，她的表現不能算做奇蹟，但她絕對是體操史上最美麗的傳說。人們往往把她比做天鵝，因為她有著天鵝的美麗，也有著天鵝的高潔，也許還因為她無與倫比的藝術表現力，恰如俄羅斯最著名的芭蕾舞劇《天鵝湖》中的白天鵝。她是人們心目中美麗的「冰美人」。

從1994年入選國家隊以來的10年間，霍爾金娜共參加了兩屆奧運會、八屆世界錦標賽和歐洲錦標賽，她在歐洲錦標賽上贏得的獎牌有十六面，成為歐錦賽歷史上贏得獎牌最多的運動員，她在世界錦標賽和奧運會上奪取的冠軍達到11個。她是歷史上第一位三奪個人全能冠軍的選手。在數年的時間裡，她壟斷了高低槓項目的所有金牌，成為了當之無愧的高低槓女皇。

從4歲的霍爾金娜被送進了體操房開始，她就愛上了這項運動。回憶起步入體操生涯的最初，霍爾金娜總是笑著說：「我小時候很挑食，媽媽希望我學體操後，能大量消耗熱能，這樣吃早餐不再皺眉。就因為這個簡單的原因，我4歲就開始了體操生涯。」然而，冰美人的體操生涯進行的並不順利，她很快就超過了160公分，對普通人來說，這個身高已經不適合練體操了。

可是，當教練因為她的身高太高，建議她改練藝術體操的時候，她堅持說：「如果不讓我練體操，我就什麼都不練。」她的執著打動了時任俄羅斯國家青年隊教練的伯里斯‧皮爾科林，他留下了這個倔強的女孩子。皮爾科林從這個年輕女孩子的眼裡看到了無與倫比的自信，很快，他就發現自己並沒有看錯，霍爾金娜不僅僅是體育競技場上的技巧運用者，她還擁有著無與

倫比的藝術表現力，優雅的舉止、淡然的態度，無一不展現於她的一舉手一投足中，讓她的體操表演精美絕倫。

1993年，14歲的霍爾金娜第一次奪得俄羅斯錦標賽全能冠軍。全俄羅斯的目光都聚焦到這美麗的女孩身上，她舞蹈般的肢體語言，高貴、冷豔的氣質，還有那與年齡不相符的成熟、冷靜，都讓她的光芒無法掩蓋。

從某種意義上來說，霍爾金娜是一個我行我素的人。她從不顧忌別人的目光，她也不在乎別人的看法，她所要做的，只是真真實實地做她自己。也許正是這特立獨行的個性，才讓她改變了體操常常只重視難度和技巧的現狀，而開始了一場美與藝術的完美表演。

霍爾金娜的美麗是無可否認的，她的美麗不僅僅來自於天生的容貌，更來自於她自信的良好心態。她從來不將自己侷限於體操上，她積極嘗試著各個方面的生活。她會出現在戲劇舞台上，擔任女主角演出話劇《維努斯》，她會為《花花公子》雜誌社拍攝半裸照，對她來說，「這只會大大地幫助我。我在生活中更加自信，在鏡頭前更加自信，我現在可以試著當模特兒，但今後我不會再拍裸照了。我已經長大了。」她甚至還會坦然的詢問俄羅斯總統，奧運冠軍能夠獲得多少獎金，因為對她來說，真實的展現自己，才是霍爾金娜的本色所在。

她說過：「我喜歡接受新挑戰，我從來不願意墨守成規。我最強的對手是我自己，如果能夠戰勝我自己，我就不會受到對手的干擾。」確實，對霍爾金娜來說，沒有人是她的對手，她有足夠的能力傲視群雄，她從來都是獨一無二的霍爾金娜。

過了20歲的她還奮鬥在體操的賽場上，當有些記者詢問她以如此「高齡」繼續征戰的想法時，霍爾金娜平靜地說：「以上帝的名義，我不是這個

年齡層的唯一參賽者，關鍵不是年齡而是如何感受它。」隨後，她驕傲的說：「我現在是一個女人了，我得到大家的支持，他們喜歡看到我，因為我和那些年輕女孩不同。」「我環顧四周，卻找不到任何一個閃露光芒的體操選手。這些小女孩沒有我的閱歷、我的成熟以及我奉獻給觀眾的愉悅。」沒有人能否認她這些話，對於大部分觀眾來說，那些稚嫩、矮小的體操選手們，何曾能和維納斯一般的霍爾金娜相提並論。那種與生俱來的高貴氣質，是體操場上永遠的美麗傳說。

2004年的雅典奧運會，是霍爾金娜的悲情告別演出。從未失手的高低槓女皇頭一次從高低槓上掉了下來。最後的地板決賽中，她以一曲「Goodbye My Love Goodbye」，做為她告別這個舞台的最後表演。NBC的女電視解說員只說了一句話，「She loves the audience.」

賽後，團體金牌得主、羅馬尼亞隊主將Catalina Ponor說：「我還沒有達到她的境界。」國際奧會主席羅格說：「霍爾金娜是我最喜歡的體操運動員，她是一個真正的女人。」

今天的霍爾金娜已經離開體育界，開始初涉政壇。對於這完全陌生的世界，霍爾金娜依然是信心百倍，她說：「我從體育中學到的許多特質，對我在政治上發展是很有用的。這些特質包括堅強、在哪裡受到挫折就在哪裡爬起來等等。我知道我有許多崇拜者，他們看中的正是我的這些特質。我在參加體育比賽時，他們支持我；我從政後，他們也會支持我。我會取得成功的！」這自信的女皇，想來也會成為俄羅斯政壇上一顆冉冉升起的明日之星。

心靈思考

　　霍爾金娜是驕傲的，但她的驕傲不是自高自大，不是目中無人，而是對自身條件和優勢的積極認識。她清楚自己的優勢所在，她也善於利用自己的優勢，發揮自己的優勢。這讓她具有比其他人都要自信的態度，這自信的光芒伴隨著她，讓她一開始就顯現出有別於其他人的魅力和神采，這也正是她成功的所在。

　　拿破崙·希爾說：「打倒你的不是挫折，而是你面對挫折時所持的心態。」正確地認識自己的優勢是必須的，這會讓你充滿自信。有著良好的心態，才能完美的展現自己的特點，拿出自己最出色的一面；有著良好的心態，才能讓你積極的應對可能遭受的挫折與失敗，以一種平和的態度去汲取教訓，取得進步，最終獲得成功。

奧 運 小 知 識

手球（Handball）：

現代手球運動起源於歐洲，有資料記載，手球運動是在1895年開展起來的。1897年在丹麥的紐布洛克（Nybrog）城鎮舉行了一場「室外手球」比賽。1906年，丹麥公布了尼爾森制訂的手球比賽規則，這是目前所出現的最早的手球規則，並從丹麥、德國、瑞典等國家開始逐漸推廣開來。

1936年德國柏林第11屆奧運會上，男子11人制手球第一次被列為奧運會正式比賽項目，之後中斷。1965年在西班牙舉行的奧會執委會上，手球在時隔36年後再次進入奧運會。男子7人制手球於1972年在前聯邦德國慕尼黑舉行的第20屆奧運會上，被列為奧運會正式比賽項目。1976年在加拿大蒙特婁舉行的第21屆奧運會，女子7人制手球被列為奧運會正式比賽項目。至今，奧運會男子手球比賽共舉辦過十屆，女子手球比賽共舉辦過八屆。

第四章

有做法，還要有想法

有時候，成功不僅需要堅強的意志，它還需要智慧的
頭腦。聰明的人要懂得為自己尋找成功的方式，讓成
功變得更輕鬆。

「鉛球名將」帕里‧奧布萊恩
讓劣勢變為優勢

奧運金牌得主小簡介：

帕里‧奧布萊恩於1952年的第15屆奧運會及1956年的第16屆奧運會，兩度榮獲男子鉛球運動冠軍。

姓名：帕里‧奧布萊恩（Patrick Obrien）

性別：男

生日：1932年1月28日

身高：190公分

籍貫：美國

項目：田徑

輝煌戰績：

1952年第15屆芬蘭赫爾辛基奧運會鉛球運動中奪金；

1953年奧布萊恩以18公尺的成績第一次打破了世界紀錄，成為世界上
　　　第一個突破「18公尺大關」的運動員；

1954年連闖男子鉛球世界紀錄，被評選為「100個金色時刻之一」；

1956年第16屆墨爾本奧運會鉛球運動中奪金；

從1952年～1956年連續參賽116次保持不敗；

從1953年～1959年，他10次破世界紀錄，是突破鉛球投擲18公尺和19
　　　公尺大關的首位運動員；

1960年再次參加了奧運會，並在此次的奧運會中得到了一面銀牌。

　　創造鉛球背向滑步投擲動作的美國著名鉛球運動員帕里‧奧布萊恩，於1932年的1月28日出生於美國加利福尼亞州的聖托摩尼克。受其父親的影響，奧布萊恩從小就非常喜愛體育運動。

　　1949年，奧布萊恩就讀於南加利福尼亞大學，因為身材高大、速度快、動作敏捷、爆發力強，奧布萊恩一直擔任著學校橄欖球隊的前鋒。一次偶然的機會，學校的田徑隊教練發現了他的投擲才華，極力勸說他改投田徑的門下，從此，奧布萊恩踏上了田徑的賽場，開始了他的鉛球運動訓練。

　　然而，奧布萊恩很快發現，鉛球對他來說似乎也不太適合。他的身高足有190公分，而鉛球投擲圈的直徑才不過2.135公尺，這讓他無法施展開來，縱使力大無比，卻也無計可施。也許很多人到此便會放棄鉛球運動，重新回到橄欖球的賽場上去了，不過，奧布萊恩畢竟不是普通人。他苦思冥想，思考著能夠解決這個難題的方法，終於，他想到了一個可行之道。奧布萊恩將傳統的側向滑步改為背向滑步，這種姿勢不僅可以充分利用鉛球圓的空間，加大鉛球在運動員手中的運行距離，而且可以充分利用身體整體動作產生的力量，提高出手速度，即加速度，進而把擲鉛球的成績大大提高了。

　　成績的大大提高並沒有讓奧布萊恩就此得意忘形、止步不前，為了進入國家奧林匹克代表隊，他開始了更加艱苦的專業訓練，同時繼續思考著改進投擲方式，提高投擲距離的方法。他完善了背對投擲的方法，針對滑步推球的新技術進行練習，最終確定了這推動世界體育發展的「奧布萊恩式」投擲。

　　在一次美國田徑冠軍賽上，他以17.04公尺的成績第一次戰勝了4次破世界紀錄的富克斯，之後以17.38公尺的成績獲得了參加奧運會的資格。1952年的第15屆奧運會上，奧布萊恩正式在國際大賽上採用了他的背向滑步新技

術，第一次試擲就以17.41公尺的成績刷新了奧運會紀錄，最後更是輕鬆奪得金牌。1956年的墨爾本奧運會，他再次奪冠。

　　從1953至1959年間，他10次改寫世界紀錄，讓鉛球投擲連續突破了18、19公尺大關，還保持了連續參賽116次的不敗紀錄。他1954年連闖男子鉛球世界紀錄，更被評選為「100個金色時刻之一」。

從某種意義上來說，奧布萊恩的創新是鉛球史上的一次技術革命。對奧布萊恩自己來說，他的改變讓自己的劣勢一舉變為了優勢，他戰勝了自己，也就贏得了勝利。

心靈思考

有一個小男孩失去了左臂，可是他一直很想學柔道，於是他去請求一位柔道大師收他為徒。大師答應了他的請求，可是始終卻只教他一招，日復一日，小男孩只學會了這一招，他覺得很奇怪，可是大師卻說：「學會這一招就夠了。」終於，小男孩長大了，大師讓他去參加柔道比賽。來參加的人高手如雲，他們都懂得許多不同的招式，可是奇怪的是，他們都敗在了小男孩的手下。獲勝的小男孩很奇怪地跑去問大師，大師微笑著告訴他：「第一，這是柔道中最難的一招；第二，就我所知，能對付這一招的唯一辦法就是捉住你的左臂。」於是，小男孩的劣勢變成了他最大的優勢。

很多人容易被自己的弱點打敗。他們總是將之視為成功道路上無法逾越的障礙，從此不再做任何的努力，卻沒有人想想，如何去改變這個劣勢呢？為什麼劣勢不能變成優勢呢？世上的事沒有一成不變的，換個方向觀察，換個角度思考，也許你會發現，曾經的缺陷與劣勢，也許可以變成你最大的財富。

奧 運 小 知 識

柔道（Judo）：

柔道起源於日本古代的柔術。日本明治10年，日本青年嘉納治五郎汲取眾多柔術流派的長處，創始了一套適合青少年鍛鍊身體、便於防身自衛的技術體系，為區別於其他柔術，稱為「柔道」。

1964年5月，在日本東京舉行的第18屆奧運會上，男子柔道被列為奧運會正式比賽項目。在1968年奧運會上，柔道項目被取消。1972年，男子柔道再次成為奧運會正式比賽項目。1984年，國際奧會同意將女子柔道列入1988年奧運會表演項目。1992年第25屆奧運會上，女子柔道被列為奧運會正式比賽項目。

「佛斯巴里式」理查・佛斯巴里
創意營造成功

奧運金牌得主小簡介：

理查・佛斯巴里於1968年在墨西哥城舉辦的第19屆奧運會上，以2.24公尺的跳高成績打破了奧運會紀錄，並獲金牌。

姓名：理查・佛斯巴里（Richard Fosbury）

性別：男

生日：1947年3月6日

籍貫：美國

項目：跳高

輝煌戰績：

1968年在第19屆墨西哥城奧運會上，他以2.24公尺的成績打破了奧運
　　　　會紀錄，並獲金牌；

到了1980年，奧運會跳高比賽歷史中16個最好成績有13個是由佛斯巴
里背越式跳高創造的。

　　觀看過跳高比賽的人都知道，選手們都是以背部越過橫杆的方式進行的，可是，為什麼會採用這種方式呢？其實這背後還有一段故事呢！

　　在現代跳高的發展史上，最早的是採用跨越式，其後又經歷了滾式和俯臥式，俯臥式跳高是臉朝下，從杆上飛撲過去的方式，而跨越式跳高則是像跳跨欄一樣，先邁一條腿過去，再邁第二條腿。直到60年代，才有一個美國人發明了這種背滾式跳高，從此這種方式成為了跳高比賽中的固定模式。

　　這個人叫佛斯巴里，出生於美國的波特蘭。從少年起，他就夢想自己能成為世界上跳得最高的人。11歲時，有一次上體育課，體育老師叫他們練習跳高，他把學生們排成一隊，叫到誰的名字，誰就從橫杆上越過去。可是，學生們嘻嘻哈哈的，亂成了一團，早就沒了隊形。正在這時，老師叫到了佛斯巴里的名字，可是佛斯巴里還正神遊太虛呢，他應了一聲，結果發現自己已經靠近了橫杆，來不及轉身助跑的他，只得背對橫杆，面向老師。看到老師嚴厲的眼神，佛斯巴里更緊張了，他完全忘記了老師教的跳高要領，正在慌亂間，他忽然看見一個準備看熱鬧的同學背朝高高的台階縱身一躍，穩穩當當地坐上台階。這個動作一下子啟發了佛斯巴里，他乾脆高高的躍起，用背部躍過了橫杆，四腳朝天倒在沙坑裡。

　　同學們都被他笨拙的樣子逗樂了，可是體育老師的眼睛亮了，他馬上過去為佛斯巴里測量了高度，成績為1.15公尺。這是個很不錯的成績，佛斯巴里開始思考，是不是可以用這種方式來跳得更高呢？

　　佛斯巴里覺得，傳統的幾種跳高方式似乎無法把腰、腿的力量都用上，可是他上次無意中使用的方法，似乎可以克服這個缺點。於是，經過無數次的思索，他覺得，如果能簡單地平放身體過杆，可能效果更佳。於是，他想到了一個方案：先跑弧線接近橫杆，轉身單腿起跳後背對橫杆，頭部、上

體、臀部、腳依次過杆，用肩背部落地。

　　最早採用這種方式時，他遭到了幾乎所有人的嘲笑，大家都覺得這樣的跳高太滑稽了。可是佛斯巴里並沒有理會他人的嘲弄，他堅持以自己的方式進行訓練。1965年，8歲的佛斯巴里用這種獨特的背越式技術越過了2公尺的高度，讓那些起初嘲笑他的人大為意外，進而也證實了這種方式的有效性。

　　1968年的墨西哥城奧運會，佛斯巴里以2.24公尺的成績打破了奧運會紀錄，一舉獲得金牌。全世界的電視觀眾都被這種奇特而有趣的跳高方式吸引了，從此之後，「背滾式」跳高成為跳高比賽中的慣用方式，一直為人所沿用。

令人遺憾的是，剛剛走下奧運領獎台的佛斯巴里就宣佈，他將從此退出比賽。為了紀念他在跳高上的創造性貢獻，國際田聯將這種背滾式跳高命名為「佛斯巴里式」，而在1987年國際田聯慶祝成立75週年時，還將佛斯巴里在1968年用全新的背滾式跳高技術獲得奧運會金牌的時刻，評選為世界田壇75年來「100個金色時刻」之一。如今，幾乎全世界的跳高選手都採用這一方式跳高。

心靈思考

佛斯巴里之所以會為人所牢記，不僅僅是在於他獲得了奧運會冠軍，更重要的是，他探索創造了一種新的跳高技術，他以其卓越的探索精神，開闢了體育運動中的新篇章。也許很多人都不會享受到他的創造所帶來的「更高、更強」，但他所代表的創新精神，卻是值得每個人學習的。

在現實生活中，每個人都渴望成功，每個人也都會努力的去爭取成功，可是，為什麼真正獲得成功的人那麼少？其中的原因可能成千上萬，但有時候，一個好的創意就可以讓你從失敗步向成功。做一件事的時候，不要讓固有的模式禁錮了你，不妨多從幾個角度去思考一下，或許會有意想不到的效果。

奧運小知識

摔跤（Wrestling）：

1896年第1屆現代奧運會，舉辦者們為了重現古代奧運會的體育項目，選中了摔跤運動。他們模仿古希臘和古羅馬摔跤手的遺風，重現了「古典式摔跤」。在古典式摔跤比賽中，摔跤選手只能用雙臂和上半身去攻擊對手，也只能扭抱對手的這些部位。

18世紀末，另一種更加自由的摔跤形式風靡了整個英國和美國。這種自由式摔跤，被稱為「想抓哪就抓哪」的運動。1904年，在聖路易第3屆奧運會上，增添了一項摔跤項目，名為「自由式摔跤」。自由式摔跤允許選手用腿來壓迫、挑起和絆倒對手，也允許扭抱對手腰部以上或腰部以下的部位。在最初的比賽中沒有分級，選手們都在一起參加比賽，這樣體重較重的就佔有一定優勢，比賽中經常出現大塊頭輕鬆戰勝體重較輕的選手的場面，比賽呈現一邊倒的局面。之後，摔跤比賽開始按體重分級別進行。

直到2004年希臘雅典奧運會，女子摔跤才被列為正式比賽項目。

「花蝴蝶」葛瑞菲絲・喬伊娜
動用一切助力來獲得勝利

奧運金牌得主小簡介：

葛瑞菲絲・喬伊娜於1988年的漢城奧運會奪得了女子100公尺及200公尺金牌。同時，她還與隊友一起贏得了4×100公尺接力賽金牌。

姓名：葛瑞菲絲・喬伊娜（Griffith　Joyner）

性別：女

生日：1959年12月21日

身高：170公分

體重：59公斤

國籍：美國洛杉磯

項目：短跑

輝煌戰績：

1988年7月16日在美國的印弟安納波里斯，以10秒49的成績創造女子
　　　100公尺世界紀錄；

1988年9月在漢城奧運會上獲得女子100公尺、200公尺冠軍，並以21秒
　　　34的成績創造女子200公尺世界紀錄；與隊友合作，獲得女子4
　　　×100公尺接力賽冠軍。

1988年的漢城奧運會女子100公尺決賽賽場上，所有人都被一個奇裝異服的女子吸引住了。這個黑人女子身材高䠷健美，瀑布般的秀髮披散在身後，眉目分明，她所穿的鮮豔奪目的運動服，還裸露著一條大腿，最奇特的是她長長的指甲，足有半吋長的指甲上還塗著紅、白、藍的美國國旗顏色，並增添了磷光效果。

所有人都還在驚詫的時候，隨著發令槍響，鮮豔的喬伊娜一個箭步衝了出去。她有如一團鮮紅的火焰，率先衝過了終點。在200公尺決賽的時候，喬伊娜更是別出心裁，換上了一紅一藍的兩隻鞋子，在眾人的驚嘆聲中再次奪得了200公尺的冠軍。之後，她再次以無人可及的速度，幫助美國隊奪得了4×100公尺接力賽的金牌。

整個世界都被這奇蹟般的女子震驚了，當時的媒體在報上感嘆道：喬伊娜以閃電般的步伐和獨特的個人魅力征服了整個世界。她那隨風飄揚的頭髮彷彿一面獵獵的旗幟，昭示著她無可比擬的天才。到了今天，喬伊娜所創造的10秒49的100公尺紀錄，仍然是令所有人難望其項背的神奇紀錄，人們曾經感嘆，她將本應屬於多年後才出現的奧運紀錄提前了。

除了橫空出世的天才運動細胞之外，喬伊娜還是一位出色的服裝設計師。她每次出場比賽的服飾都美麗耀眼得吸引住所有人的目光，甚至連90年代初的NBA印第安那步行者隊的球衣都是出自她的手筆。不過，對她來說，這些鮮豔的服裝不光光是為了襯托美麗，它還有更重要的意義。

這個秘密是在喬伊娜退休後才由她自己公佈的。那是一次訪問，當訪問者突然問她：「為何妳每次比賽都喜歡穿奇裝異服？」的時候，喬伊娜微微一笑，然後公佈了這個秘密：「其實這是我從大學課程裡學到的一種比賽方式，對於短跑選手來說，跑完賽場上的100公尺總共才只有10秒鐘左右的時

間。所以我們會把每一秒鐘都劃分成100個等份來計算，很多人為了提高這
百分之一秒的成績而甘願付出巨大的努力。光靠訓練是不夠的，所以我設計
了一個現代心理學戰術，盡量把自己打扮得豔麗甚至是奇特一些，哪怕對手
多看我幾眼都會起到分散注意力的作用；對於提高我的自信和勇氣都有很重
要的作用。要知道，每0.01秒都是很重要的，如果對手多關注我0.01秒，我
就有可能領先0.01秒，這對我來說非常寶貴。」

如果我們知道喬伊娜的另外一個身分，那就沒什麼好驚訝的了，這個天才的運動員，同時也是美國加利福尼亞大學心理學學士。人們這才恍然大悟，原來喬伊娜的成功並不僅僅是來自於她天賦的運動才能和刻苦的訓練，同時還來自於她善於運用一切手段來創造成功的機會。其實，對喬伊娜來說，就算沒有這奇特服飾的幫助，她也是難以企及的天才，但她聰明的頭腦，卻也讓她的成功更加奪目。

心靈思考

　　成功的來臨很多時候不能光靠努力和刻苦，擁有一個智慧的頭腦也是必不可少的條件。動用一切可以利用的力量，來幫助自己獲得成功，這並不是投機取巧，也不是敷衍塞責，這只是獲得成功的一點靈感和智慧。就如同喬伊娜那閃耀的衣衫和長指甲一樣，在確保公平的情況下確保成功，為什麼不可以呢？

　　在世界變得越來越小的今天，孤軍奮戰不過是一種值得人景仰的品德，卻不是一個聰明人的最佳選擇。默默的獨自奮鬥固然值得尊敬，但能夠輕鬆的獲取結果，才是今天的我們要學習的方法。學會依靠他人，學會藉助他物，才能更快、更好的達到目的。藉助外力不是偷懶，不是走捷徑，更不是放棄奮鬥，它只是一種更好的奮鬥方式，它可以幫助我們以更小的付出來獲得更大的成功。

奧運小知識

游泳（Swimming）：

古代奧運會沒有游泳
項目。按照現代奧運
會創始人顧拜旦提出
的所有運動項目都擁
有平等權利的原則，
游泳項目於1896年進
入了現代奧運會。

第 1 屆現代奧運會設
有100公尺、500公尺
和1200公尺3個游泳項
目。1924年的奧運會
才真正展開了競技游泳的歷史。

跳水項目起源於游泳運動的發展過程中。1900年瑞典運動員在第2屆奧運
會上進行了跳水表演。1904年在聖路易斯奧運會上，男子跳水首次被正式
列為比賽項目。1912年在斯德哥爾摩奧運會上，女子跳水運動員首次被允
許參加比賽。直到1951年，跳水才成為規則完整的奧運會正式比賽項目。
目前，奧運會跳水比賽共設有八面金牌。

水球項目是奧運會歷史上最早的集體比賽項目之一。男子水球於1900年巴
黎奧運會上被列為正式比賽項目，女子水球在2000年雪梨奧運會上被列為
正式比賽項目。目前，奧運會水球比賽設有男、女兩面金牌。

花式游泳為女子項目。20世紀20年代起源於德國、英國等歐洲國家，原為
游泳比賽間歇時的水中表演，由游泳、技巧、舞蹈和音樂編排而成，有
「水中芭蕾」之稱。1984年，花式游泳成為奧運會正式比賽項目，有單
人、雙人兩項。2000年改為雙人和集體兩個項目。

「蒙特婁仙女」科馬內奇
創新帶來完美表現

奧運金牌得主小簡介：

納迪婭·科馬內奇於1976年在加拿大蒙特婁舉行的第21屆奧運會上，她奪得了個人女子體操全能、高低槓、平衡木三面金牌。

姓名：納迪婭·科馬內奇（Nadia Comaneci）

性別：女

生日：1961年11月12日

身高：153公分

體重：40公斤

籍貫：羅馬尼亞奧尼斯迪

項目：體操

輝煌戰績：

1975年歐洲體操錦標賽女子個人全能冠軍；

1976年第21屆奧運會獲得體操比賽全能、高低槓、平衡木三項金牌，
　　　團體銀牌，地板銅牌，她是奧運會史上第一個得滿分者；

1977年歐洲體操錦標賽女子個人全能冠軍；

1978年第19屆世界體操錦標賽平衡木冠軍，跳馬亞軍，團體亞軍；

1979年歐洲體操錦標賽女子個人全能冠軍；第20屆世界體操錦標賽團
　　　體冠軍；

1980年第22屆奧運會體操比賽平衡木、地板金牌，個人全能銀牌，團
　　體銀牌；

1981年世界大學運動會體操比賽全能、跳馬、平衡木、高低槓、地
　　板、團體冠軍；

1992年與康納爾創立國際特殊奧運會體操動作比賽。

「當妳還只是剛出道的體操選手，檳子就已高高在上，科馬內奇是首次
為世界展示完美十分的，絕非一次，而是七次。她提示我只要全力以赴，總
有機會贏得那一瞬間，讓完美成為可能。」

在世界體操史上，納迪婭·科馬內奇是一個真正的傳奇。1976年的蒙特
婁奧運會，在高低槓的決賽中，科馬內奇以她完美無缺的動作贏得了體操史
上的第一個滿分——10分，也就是說，每一個裁判都給了她滿分。而這只是
一個開始，在隨後的比賽中，包括平衡木、個人全能、地板、女子團體的眾
多比賽，她總共獲得了7個滿分。全場觀眾都被她完美的表演征服了，人們
將所有的讚美都給了她，親切地稱呼她為「蒙特婁仙女」、「奧林匹克公
主」。蒙特婁奧運會的舉辦者也將開幕式火炬贈予她，他們認為如果沒有她
的出現，就不會有這屆奧運會的輝煌成就。

科馬內奇出生在羅馬尼亞科爾巴阡山腳下一個叫奧乃斯的小城，她一直
就是個好動的女孩子，她喜歡像男孩子一樣不停地跳躍、奔跑、倒立和翻跟
斗，家裡的沙發就是她的舞台。父母為她的頑皮頭大不已，但一個體操教練
慧眼識珠，發現了她與眾不同的天賦。於是，六歲開始，科馬內奇就開始練
習體操了。

　　8歲那年，科馬內奇就已經亮相於全國體操比賽，不過，此時的她還並不熟練，光是平衡木的比賽上，她就摔下來三次。之後，她母親將她的名字改為「納迪婭」，這個詞的意思是「希望」。在堅持每天八個小時以上的訓練之後，這個希望很快變成了事實。

　　1974年10月26日晚上（日子不能確定，因為科馬內奇自己也記不清了），12歲的科馬內奇來到巴黎參加女子體操邀請賽。這場邀請賽雲集了當時世界上最優秀的女子體操選手，許多的世界冠軍，而科馬內奇只是當時的羅馬尼亞少年組全能冠軍，根本就沒人關注到她。

　　當時風頭最健的是第20屆奧運會及世界體操冠軍圖里舍娃，整個風島體育館裡都迴響著「圖里舍娃、圖里舍娃」的喊聲，所有人都在期待這位體操冠軍為他們帶來精彩的表演。圖里舍娃並沒有讓他們失望，她邁著自信、輕鬆的步伐，以優美的姿態躍過了跳馬。大廳裡爆發出歡呼聲，圖里舍娃高舉雙手向觀眾報以微笑。正在這時，科馬內奇突然躍上了比賽場，她跟著圖里舍娃的步伐，在跳馬上輕鬆漂亮地完成了一個男子體操動作——「塚原跳」。全場的觀眾都嚇呆了，隨即，他們爆發出了比剛才更加熱烈的掌聲和歡呼聲，人們叫著，要廣播員告訴他們這個小姑娘的名字，可是廣播員也不知道這個「野姑娘」是從哪裡冒出來的，他用目光求助於這次邀請賽的負責人，可是他們也正面面相覷、不知所措。

　　科馬內奇的表演還沒有結束，她一會兒跳上平衡木，一會兒躍上高低槓，一個勁地「夾塞」表演，毫無懼色地向世界冠軍們挑戰。她完美無缺的演出，很快便轟動了整個巴黎，也引起了世界的關注。

　　1975年挪威歐洲體操錦標賽上，年僅13歲的科馬內奇以初生之犢不怕虎的精神戰勝了世界名將，奪得包括個人全能在內的4項冠軍，成為歷史上最

年輕的歐洲冠軍。

　　科馬內奇並非沒有失敗過。第一次失敗的時候，她非常沮喪。但是她的教練告訴她：「在勝利之前，必須學會有輸的風度。」正像科馬內奇後來所回憶的那樣，「只有經過各種困難，你才能變得強大。」她開始平和地接受失敗，並學習從失敗中汲取教訓獲得成長。「在變化多端的體操運動中，每天都會有更困難、更危險的動作出現。因此，在教練的幫助下，我總是努力掌握這些更困難、更危險的動作。」

　　1976年的蒙特婁奧運會，當科馬內奇從高低槓上完美落地時，記分牌上顯示的卻是1分。第一次採用了電腦技術的蒙特婁奧運會，主辦當局曾經在比賽前誇耀他們電腦系統的完美無瑕，可是他們怎麼也沒想到的是，根本就沒有設定滿分輸入系統的體操比賽，卻出現了有史以來的第一個滿分，於是，原本的10分就只能顯示為1分了。

　　7個滿分的成績讓科馬內奇迅速轟動了世界，同時，她也開創了一個新的時代。在她之前，體操還只是一種緩慢、簡單的體育運動，從她之後，體操才真正開始轉向了追求高難度和藝術美感的歷程，一些緩慢無變化的體操動作開始為具有競技性的快速動作所取代。她在高低槓所創的科馬內奇空翻至今以來在體操標準評分上仍是最高難度的E水準動作。在參加奧運會的體操選手的年齡被限定在16歲以上之後，她的奪冠年紀也已經成為了一個永遠的奇蹟。

　　今天的科馬內奇已經退出了比賽，但她卻仍然將全部心血投注到體育事業中去，她開辦體育學校，投資體育事業，這位世界體操史上的「皇后」，還在繼續照耀世間。

心靈思考

體操界有句名言：體操運動的生命力在於創新。很多世界著名的體操運動員都有以自己名字命名的創新動作。正是因為不斷的創新，體操運動才能保持它歷久不衰的生命力。科馬內奇開創了體操史的一個新時代，她以自己天賦的才華和獨創性，開啟了體操美與力的時代。

從那個驕傲的站上巴黎賽場的12歲小姑娘開始，科馬內奇就顯示了她獨特的個性。一開始，她就並不畏懼圖里舍娃頂著奧運冠軍和世界冠軍的頭銜，她很清楚自己的分量，也很清楚自己所能創造的奇蹟。自信的小姑娘早已經告訴了我們她最大的特點，不畏懼權威，也許正因為如此，她才能夠輕鬆地突破體操的常規，並且創造出體操新的規則。可以毫不客氣地說，她改變了體操。

創新不僅僅是體操運動的生命力所在，它還是一切生命的泉源。失去創新精神的人是喪失生命力的人，他們沒有希望、沒有動力，他們只能抱著陳舊酸腐的過去鬱鬱寡歡，最終一事無成。懂得創新的人才能獲得生機，他們會不斷的追求更好的東西，他們會尋找其他通往成功的道路，他們永遠不洩氣，因為他們清楚，這扇希望的大門關閉了，他們可以再去尋找到一扇希望的窗子，對他們來說，生命永遠不會絕望。

懂得創新才能獲取成功。其實，創新並不需要多大的改變與創造，有時候，轉變一點點的觀念，改變一點點前進的方向，或者換條道路去行走，也都是創新。只要能夠去嘗試改變，不要把自己侷限在固有的圈子裡，給自己多幾個嘗試的機會，為自己的希望多尋找一些努力的方向，那麼你就會發現，原來成功是這麼容易。

奧 運 小 知 識

現代五項（Modern Pentathlon）：

奧林匹克運動的創始人顧拜旦認為：「此項運動是真正男子漢的運動。」
在他的積極宣導和建議下，1912年，在瑞典的斯德哥爾摩奧運會上，現代
五項成為奧運會的正式比賽項目。

現代五項運動由五個比賽項目組成，即射擊、擊劍、游泳、馬術和越野
賽。從1952年赫爾辛基奧運會以後，現代五項比賽設個人和團體兩個項
目。1963年在洛杉磯舉行的國際奧會會議上，把現代五項排到了奧運會競
賽中第十一名的位置。1912～1980年的各屆奧運會中，現代五項比賽都是
在五天內完成，每天安排一個項目。1984～1992年間，規則規定現代五

項比賽在四天內完成，其中跑步
和射擊或者游泳安排在同一天進
行。從1996年亞特蘭大奧運會至
今，規則規定參賽男運動員為32
名，必須在一天內完成5個項目的
比賽，同時取消了團體項目，只
設個人項目。直到1998年，國際
現代五項聯盟批准女子現代五項
個人項目被列入雪梨奧運會正式
比賽項目。

「撐竿跳女皇」伊辛巴耶娃
換個方向邁向成功

奧運金牌得主小簡介：

伊辛巴耶娃奪得了2004年雅典奧運會的撐竿跳金牌。

姓名：葉蓮娜・伊辛巴耶娃（Yelena Isinbayeva）

性別：女

生日：1982年6月3日

身高：174公分

體重：65公斤

國籍：俄羅斯伏爾加格勒

項目：撐竿跳

輝煌戰績：

1998年莫斯科世青賽冠軍；

2000年智利世青賽冠軍；

2003年7月13日，英國的蓋茨黑德舉行的國際田聯大獎賽上以4.82公尺
　　　　打破室外撐竿跳世界紀錄；

2004年2月，在烏克蘭舉行的第15屆撐竿跳明星邀請賽上創造了4.83公
　　　　尺的室內撐竿跳世界紀錄；

2004年3月6日布達佩斯舉行的世界室內田徑錦標賽上，再次以4.86公
　　　　尺的成績，成為了該項目世界紀錄的保持者。

這是Adidas拍攝的系列廣告之一：

你從哪裡開始並不一定就從哪裡結束。

我是葉蓮娜·伊辛巴耶娃。這是我的故事。

從孩童時代開始，我就夢想著成為偉大的奧林匹克體操冠軍。

但這對我來說異常困難，因為我太高了。

如今，體操已對我關上了大門。

但我的教練問我：妳願意嘗試撐竿跳嗎？

我說：什麼？撐竿跳？

當我開始撐竿跳時，他們說，

妳的前途不錯，妳肯定能跳過5公尺。

一開始我以為他瘋了。

但我的成績每年都在逐步提高。

現在我已擁有總共20項世界紀錄。

你的起點並不能決定你的終點。

故事中的女主角叫葉蓮娜·伊辛巴耶娃，奧運冠軍，20多項撐竿跳世界紀錄的保持者，最知名的「撐竿跳女皇」。

伊辛巴耶娃出生於俄羅斯伏爾加河畔一個普通的工人家庭。她的父親加德日·伊辛巴耶夫是個水管工人，母親則是個商場售貨員。年輕的父母們迎來了他們的第一個小生命，卻不知道如何培養她，於是，他們在伊辛巴耶娃5歲的時候，就將她送到了少體校練體操。

小小的伊辛巴耶娃非常喜歡體操，回到家也練個不停。後來她的妹妹英娜出生了，同樣也被送去了學體操，這讓伊辛巴耶娃的興致更高了，除了在學校裡面練之外，回了家她還會和妹妹比賽誰的姿勢更優美，還要拉著媽媽

當評審。多年後伊辛巴耶娃回憶起當時，曾經說過這麼一件事：那是她六歲的一天，剛從體校回來的伊辛巴耶娃又纏著要和妹妹比賽，當裁判的媽媽鄭重地介紹大女兒說：「現在出場的是運動健將、奧運會冠軍葉蓮娜‧伊辛巴耶娃。」這只是一句戲言，但她們誰也沒想到，十多年以後，伊辛巴耶娃竟然真的站到了奧運會的領獎台上，雖然並不是體操的。

可惜的是，伴隨著伊辛巴耶娃多年的體操夢很快就破滅了。15歲的時候，她已經長到了170公分，在160公分以上都可以算是禁忌的體操界來說，這樣的身高顯然不再適合練習體操，教練只能惋惜的告訴她，她無法再繼續練體操了，天生的身高限制讓她註定了不可能成為另一位霍爾金娜。失望的伊辛巴耶娃沮喪極了，到現在，她已經練了近11年的體操了，她不知道自己還能做什麼。

故事當然不會如此就結束，身材高䠷的伊辛巴耶娃很快就被另一個教練看中了。這個教練叫特羅菲莫夫，是撐竿跳教練，他看中了她良好的身體柔韌性和悟性，建議她改練撐竿跳。教練認真的對她說：「妳會成為女子撐竿跳界的布卡的。」「可是我當時還根本不知道布卡是誰？」回憶起當時的伊辛巴耶娃微笑著說。儘管如此，失去了目標的伊辛巴耶娃還是被教練說服了。

於是，15歲的伊辛巴耶娃開始了她全新的歷程。起初，伊辛巴耶娃並不樂意，她為體操灌注了十多年的心血，卻要如此輕易的放棄，總是心有不甘的，而撐竿跳當時甚至還不是奧運項目，站上奧運賽場的夢想的破滅，讓她失望極了，這讓她更加沒有動力進行訓練，她總是懷疑，自己去練撐竿跳是不是正確的選擇。第一次嘗試撐竿跳，她僅僅跳過了2.80公尺的高度，她開始越來越懷疑自己的選擇，訓練的時候，她老是走神，教練總是衝著她大

叫：「再看一遍動作！」可是她始終集中不了精神，她總是在思考，自己真的適合撐竿跳嗎？

不過，也許她註定是要從事這項運動的人，沒有多久，伊辛巴耶娃就愛上了這充滿韻律感的運動，她開始全心全意投入到緊張的訓練中，她總是這麼告訴自己：「每個人都是一雙腳、一個腦袋、一雙手，沒有什麼不可能的。」很快，良好的身體柔韌性、一流的技術和聰明的大腦，就使她迅速成為出色的撐竿跳運動員，半年之後，她就輕鬆摘得了世青賽的冠軍。

好消息隨之而來，2000年雪梨奧運會，女子撐竿跳被正式列為比賽項目，伊辛巴耶娃終於能夠站在奧運會的賽場上了，她欣喜若狂，投入到了更緊張的訓練之中。然而，因為大賽經驗不足，這次的伊辛巴耶娃沒能登上奧運領獎台。

不過，女子撐竿跳註定會是伊辛巴耶娃的天下，養精蓄銳的伊辛巴耶娃再次出現的時候，已經是一個無人可及的夢幻高度了。2003年7月13日，在英國的蓋茨黑德舉行的國際田聯大賽上。她以4.82公尺打破了室外撐竿跳世界紀錄。第二年的2月，她在烏克蘭舉行的第15屆撐竿跳明星邀請賽又創造了4.83公尺的室內撐竿跳世界紀錄，儘管這一紀錄很快就被費奧法諾娃以4.85公尺的成績刷新，但在3月6日布達佩斯舉行的世界室內田徑錦標賽上，伊辛巴耶娃再次以4.86公尺的成績刷新紀錄，捍衛了她世界紀錄保持者的名號。

2004年8月24日，雅典奧運會的田徑賽場上，伊辛巴耶娃再次神奇地以4.91公尺再次打破了世界紀錄，並成功摘得了金牌，站上了奧運會的最高領獎台。

這已經是她第八次打破世界紀錄了。可是伊辛巴耶娃說：「跳高對我來

說，是一種享受，我愛撐竿跳，我願意為之貢獻一生。」她將繼續向人類的極限挑戰，追逐著永恆的高度。

心靈思考

　　你是否覺得現在的生活不是你想要的？你想要放棄，卻又在猶豫，因為你已經付出了很多的金錢、時間和精力，因為這件事你快要做成了，因為這件事做成了你將獲得難以估量的財富、榮譽和喝采，所以你只能困在這條道路上，繼續的走下去，儘管它不是你真心想過的生活，儘管它不能帶給你想要的未來？

　　如果你的回答是是的話，那麼趕快放棄它吧！不要再去想你曾經的付出有多麼大，不要去想你走過的路已經有多麼長，一條沒有結果的路只能是空白，一件不喜歡做的事只能是折磨。還在想什麼呢？成功的道路並不是只有那一條，不要讓它困死了你，換一條路去行走不失為一個好的選擇，選擇自己喜歡的道路也就是選擇了對的道路。要記住，你的起點並不能決定你的終點，美麗的未來也許就在另一條路上等待著你的尋找。

奧 運 小 知 識

壘球（Softball）：

壘球運動由美國芝加哥弗拉加特划船俱樂部的喬治・漢考克和明尼蘇達州明尼阿波利斯的消防隊員萊維斯・羅伯於1887年和1895年先後發明的。壘球運動的產生是極具戲劇性的。在1887年的一場美式橄欖球比賽中，耶魯大學擊敗了老對手哈佛大學。賽後，在芝加哥弗拉加特划船俱樂部舉行的慶祝活動中，一個耶魯畢業生將一個拳擊手套擲向一名哈佛學生，哈佛學生則試圖用一根掃帚棍擊打這個手套，當時在場的芝加哥商報記者喬治・漢考克覺得很有趣，於是設定了遊戲方法並隨後開始在朋友之間推廣。不久之後，拳擊手套變成了球，掃帚棍變成了球棒，一項新的運動由此誕生了。

1996年，該項目成為奧運會正式比賽項目，並且因為其技術難度、運動劇烈程度低於棒球，因此只有女子項目。

第五章

偉大精神的閃耀

很多時候,奧運冠軍們不僅僅在賽場上是勝利者,走下比賽場的他們,依然閃耀著人性的高貴,讓他們成為我們心目中永恆的英雄。

「拳王」阿里
爲了自由和尊嚴而戰

奧運金牌得主小簡介:

穆罕默德・阿里於1960年在義大利羅馬舉辦的第17屆奧運會上,榮獲拳擊比賽的冠軍。

姓名:穆罕默德・阿里(原名:凱謝爾斯・克萊 Muhammad Ali)

性別:男

生日:1942年1月17日

身高:190公分

體重:97.6公斤

籍貫:美國肯塔基州

項目:拳擊

輝煌戰績:

1964年2月25日戰勝索尼・利斯頓,獲WBA重量級拳王;

1971年7月26日擊敗吉米・艾理斯,獲得北美拳擊聯合會重量級冠軍;

1973年9月10日戰勝肯・諾頓,重奪北美拳擊聯合會重量級冠軍;

1974年10月30日戰勝喬治・福爾曼,重奪WBA重量級拳王;

1978年9月15日戰勝斯平克斯,重奪WBA重量級拳王金腰帶。

　　對今天的年輕人來說，拳王阿里也許只是一個名稱而已，他不過是一個過氣的、可以被取代的拳王，甚至在今天的電視上看到的他，只是一個顫抖著的、患有帕金森症的老人，然而，對更多人來說，阿里這個名字代表著一個傳奇，一個寫滿自由、尊嚴的不朽傳奇。

　　1942年1月17日，一個叫凱謝爾斯・克萊的黑人小男孩出生在美國肯塔基州的路易斯維爾。和當時美國其他各州的情況一樣，在這裡，有色人種依舊被視作低賤、卑微的象徵，他們甚至不能進入專為白人開設的餐廳。

　　對於這一切，年幼的阿里從來就沒有認同過，從他剛剛懂事開始，他就希望能用自己的力量去改變眼前的一切。一次因為遺失了自行車的憤怒讓他接受了朋友叫他學習拳擊的建議，從此，這個男孩進入了拳擊的世界，他的一生也隨之改變。

　　1960年，克萊參加了當年的羅馬奧運會，他天才般的技巧讓他很輕鬆的獲得了拳擊比賽重量級的金牌。回國後，阿里受到了國人的熱烈追捧，接踵而來的慶祝讓他天真的認為，他已經用勝利改變了人們對有色人種的偏見，黑人從此可以獲得白人的公平對待。可是，就在有一天，當他掛著金牌到一家飯店吃飯時，白人服務員卻拒絕為他服務，那個白人女服務員不屑的說：「我們這裡不招待你們。」於是，克萊彬彬有禮的告訴她：「小姐。我是奧運會冠軍。」然而，一直注視著他們的餐館老闆突然大聲地叫起來：「我不管你是什麼人！我已講過，我們不招待黑鬼！」隨後，一群白人流氓在一旁起鬨：「噢、噢！奧林匹克的黑鬼！」絕望的克萊這才發現，有色人種被歧視的事實在這個國家還遠遠沒有消失，他憤怒地將金牌扔進了河裡，並且發誓：「我再也不會為這樣的國家效力。」

　　多年以後，回憶起那一天的阿里仍然無法釋懷，在他的自傳中寫道：

「1960年夏天羅馬歸來後所遇到的各種事情中，最令我難忘的不是那英雄式的歡迎，或者是慶祝會，警長、市長、州長或是那10名路易斯維爾的百萬富翁，而是一個漆黑的晚上——我站在傑佛遜大橋，把奧運會金牌扔進俄亥俄河裡。」

1964年，22歲的克萊贏得了他的第一場拳王爭霸賽。那時他在邁阿密輕取利斯頓，並榮升為新一代拳王。贏得拳王稱號後，克萊皈依了伊斯蘭教，並將自己的名字改為穆罕默德‧阿里，他說：「中國人有中國名字，俄羅斯人有俄羅斯名字……但美國的黑人卻要改白人和歐洲人的名字。」正因為如此，他才要拋棄原來那個帶有奴隸色彩的名字，用他的新名字來證明黑人的價值所在，他要讓全世界都知道，他，穆罕默德‧阿里，是個穆斯林黑人，也是拳王。從今以後，這個名字便響徹全世界，成為自由和尊嚴的象徵。

在當時的美國，一個信奉伊斯蘭教的黑人也就註定了被歧視的命運，而阿里的行為，不啻於將自己推上了風口浪尖。在接下來的比賽中，就算他戰勝了對手，所獲得的卻也只是大量的噓聲，因為對當時的美國人來說，阿里的行為絕對可以算是美國主流社會的叛徒。然而，面對這一切，阿里卻從來沒有後悔過，他甚至採取了一切行動來捍衛他的名字，以及這個名字所代表的獨立和尊嚴。

1967年，阿里將要迎戰挑戰者特賴爾，當記者問他，他是否恨特賴爾時，阿里說：「不不，我並不恨他！我不恨任何人，但我不喜歡他及他的所作所為，他一直叫我凱謝爾斯‧克萊，儘管他知道我叫穆罕默德‧阿里。」比賽中，一直佔有優勢的阿里卻並沒有急於將對手打倒，他在比賽中便一直不停地向特賴爾吼道：「說！我叫什麼名字！！我到底叫什麼！！！」他就是用這樣的方式，在表達著他的憤怒與堅持。

　　60年代中期，越戰爆發。阿里也被徵召入伍，然而，他斷然拒絕了被徵召入伍的命令。他說：「越共從不叫我黑鬼」，「我絕不會跑到萬里之外去謀殺那裡的窮人，如果我要死，我就死在這裡，咱們來拼個你死我活！如果我要死的話，你們才是我的敵人，與中國人、越南人、日本人無關。我想要自由，你們不給；我想要公正，你們不給；我想要平等，你們也不給。你們卻讓我去別處替你們作戰！在美國你們都沒有站出來保護我的權益和信仰，你們在自己的國家都做不到這些！」

　　阿里就這麼強烈反對著戰爭，他開始在報紙上發表反戰宣言，積極參加各種反戰集會，他動用自己的社會影響力呼籲大家抵抗戰爭，宣導和平。他的行為讓當時的美國政府惱羞成怒，他被取消了拳王的資格，還差一點入獄，失去了收入的他不得不靠著去各個大學演講來換取一些些微薄的收入。然而，面對著這一切，阿里從來就沒有認輸過，他一直用他全部的精力反抗著，反抗種族歧視，反抗越戰，反抗一切舊的不平等的制度。

　　直到60年代末，美國人民也開始嘗到戰爭帶來的傷害，美國國內的反戰呼聲越來越高，而做為反戰人士的代表，阿里也獲得了更多的支持。1970年，美國最高法院裁定，恢復阿里的拳手資格，這位沉寂了多年的拳王，終於獲得了公正的對待。

　　1996年8月2日，亞特蘭大奧運會男子籃球決賽的中場休息，當時的國際奧會主席薩馬蘭奇將一面特製的羅馬奧運會金牌掛在阿里的胸前。人們以這種方式，表達著他們對這全世界最偉大鬥士的崇高敬意。

心靈思考

　　穆罕默德・阿里，這一生叱吒拳壇的重量級拳王，所依靠的並不是他強而有力的攻擊，而是他驕傲而不屈的靈魂。他之所以能被這麼多人發自內心的喜愛，正是因為他對自由、平等、尊嚴、和平的不懈追求。粗暴強悍的攻擊只能打倒肉體，高貴平等的心靈才能征服靈魂，阿里讓我們看到的，是他為了自由和平等所不停追求的一生。

　　偉大的人格永遠要高於肉體的強勢。僅僅擁有強健體魄的人是粗鄙的，他們只能征服一時，卻無法高貴一世，唯有自由尊嚴的靈魂才能贏得尊重。我們為什麼愛阿里？不是因為他的強悍，而是因為他代表了自由和平等。世界上沒有不愛自由的人，世界上也沒有不渴望平等的人，可是，你是否也能像阿里一樣，為了自由和平等而大聲疾呼，為了自己的信念而不停奮鬥，甚至不惜付出你的所有。對自由和平等的追求會給我們無限的勇氣，給我們更廣闊的胸襟，也給我們必勝的信念。

奧 運 小 知 識

跆拳道（Taekwondo）：

跆拳道是東亞地區，特別是朝鮮半島古老的民間技擊術，是一項運用手腳技術進行搏擊格鬥的朝鮮民族傳統的體育項目。它由品勢（拳套）、搏擊、功力檢驗三部分內容組成。雙方可以用手和腳來攻擊對方。比賽是在邊長為8公尺的四方形場地內，身穿道服的兩位選手運用手戳、腳踢等方式相互攻擊的一種比賽。跆拳道根據練習者的水準分為十級和九段，初學者從十級開始逐漸升至一級，然後再入段，段位越高表明水準也越高，最高段位為九段。

1988年，跆拳道做為奧運會表演項目首次出現在漢城奧運會上。1994年，國際奧會表決通過了跆拳道成為2000年雪梨奧運會的正式比賽項目，設八面金牌。

「馬拉松英雄」孫基禎
對祖國的愛是最大的動力

奧運金牌得主小簡介：

孫基禎於1936年柏林奧運會上，獲得馬拉松比賽金牌。

姓名：孫基禎

性別：男

籍貫：韓國新義

項目：馬拉松

輝煌戰績：

1936年德國柏林夏季奧運會馬拉松比賽金牌。

　　1912年，孫基禎出生於韓國平安北道新義州，從很小的時候起，他就展現出過人的長跑天賦，可是，貧寒的家境讓家人們不容許他從事這樣的運動。為了不讓他跑步，曾祖母甚至逼他穿女孩子的鞋，可是，孫基禎就偷偷用草繩綁定女鞋，堅持跑步。

　　對於馬拉松運動的熱愛和天賦的過人才華讓他很快為人所知。1935年11月3日，孫基禎在一次馬拉松比賽中跑出了2小時26分42秒的成績，打破了當時的馬拉松世界紀錄。他和同胞南順永一起，獲得了奧運會的參賽資格。

　　然而，當時的韓國還是日本統治下的殖民地，日本人為了施行奴化政

策，不僅歪曲和扼殺韓國的歷史和文化，還禁止韓國人民使用本國的語言和文字，強迫他們把自己的姓名一律改成日本名字，同時，要參加奧運會，還必須以日本隊的名義參賽。為了參加夢寐以求的奧運會，孫基禎忍辱負重，以日本名「孫龜齡」加入了日本隊，參加了1936年在柏林舉行的奧運會。

1936年8月9日下午3點，柏林奧運會馬拉松比賽開始了。起初，上屆奧運會衛冕冠軍，阿根廷選手薩瓦拉領先跑過折返點，但孫基禎一直緊跟不放，跑過25000公尺時，薩瓦拉的體力逐漸不支，速度越來越慢，終於因身體透支退出了比賽。此時，冠軍的爭奪落到了孫基禎和英國選手歐尼斯特・哈珀的身上，到了最後4000公尺的時候，孫基禎還精力旺盛越跑越勇，最終第一個跑進體育場，以2小時29分19秒2的成績奪取了冠軍。他是歷史上第一個跑入2小時30分的人，也是第一個奪取馬拉松比賽冠軍的亞洲人。

然而，獲勝的喜悅沒能持續多久。接下來的頒獎典禮上，面對著高高升起的日本國旗和奏響的日本國國歌，孫基禎感到了深深的恥辱和悲哀。本想為國爭光的他，最後卻是讓自己最痛恨的殖民者獲得了榮耀。

無力改變事實的孫基禎選擇了他的反抗方式。站在領獎台上的他，用頒發給冠軍的月桂樹擋住了自己胸前的日本國旗。在下台接受採訪的時候，他和獲得第三名的同胞南順永不斷的告訴那些西方記者，他們是韓國人，不是日本人，同時還不斷的揮舞著手中的韓國國旗。在給人簽名的時候，孫基禎也堅持用韓文簽名，而拒絕使用日文。

孫基禎的行為激怒了日本政府，然而，他們不敢公然打擊這世界矚目的人，於是施加政治壓力，逼迫柏林奧組委沒收了本應發給孫基禎的一頂古希臘騎士青銅頭盔，收進了柏林的一家博物館。

後來，韓國發行量最大的《東亞日報》在刊登這張照片時，故意把孫基

禎身上的日本國旗遮蓋掉，換成韓國的太極旗，以表達對日本殖民統治的抗議。但這個舉動惹火了日本統治者，報社的相關人員被送進監牢，《東亞日報》也被勒令停刊9個月之久。

50年後的1986年8月17日，在「紀念柏林奧運會50週年大會」上，聯邦德國奧會主席維利·道默把一個古希臘騎士青銅頭盔交到了已經74歲的孫基禎手上，頭盔上刻著他的名字。這遲到了半個世紀的冠軍獎品，終於重歸主人懷抱。

心靈思考

　　愛國心是每一個人的基本品德。人生而為人，從來就不能單獨的存活，每一個人一出生，就被打上了許多的烙印，比如種族、比如國籍，這是每個人無法捨棄的東西。不熱愛自己國家的人是悲哀的人，他們否認自己的過去，實際上也就喪失了自己的未來。不為自己的國家而奮起的人是無知的人，他們不明白，國家的強大才是自身尊嚴的保證，自身的獨立和奮鬥也會成為國家最大的驕傲。

　　梁啟超說：「故今日之責任，不在他人，而全在我少年。少年智則國智，少年富則國富，少年強則國強，少年獨立則國獨立，少年自由則國自由，少年進步則國進步……」孫基禎以他的行為給予了韓國至大的驕傲，今天的我們也需要這樣的精神，勇敢承擔起自身的責任，以那一片為國爭光的至誠之心去奮鬥。

奧 運 小 知 識

桌球（Table Tennis）：

桌球起源於英國，由網球運動衍生而來。19世紀後期，英國一些大學生在室內以桌為台，書為網，酒瓶軟木塞為球，在桌上推來擋去，形成「桌上網球」遊戲。1890年左右英格蘭著名越野賽運動員吉布從美國帶回空心賽璐珞球，代替軟木塞。因賽璐珞球擊在木板拍上發出乒乓聲響，所以也稱「乒乓球」。

1988年，桌球第一次做為正式項目出現在第24屆奧運會的賽場上。至今，在奧運會的賽場上已經連續進行了5屆奧運會的桌球比賽。原設有4個比賽項目：男子單打、女子單打、男子雙打、女子雙打，現為男子團體、女子團體、男子單打、女子單打四項。

「黑色的尊嚴」湯米・史密斯
為平等的權利而戰

奧運金牌得主小簡介：

湯米・史密斯於1968年墨西哥奧運會上，獲得200公尺短跑比賽的金牌。

姓名：湯米・史密斯（Tommie Smith）
性別：男
生日：1944年6月5日
籍貫：美國德克薩斯州
項目：200公尺短跑
輝煌戰績：
1968年墨西哥夏季奧運會200公尺短跑比賽金牌。

　　20世紀的5、60年代，美國三K黨襲擊黑人的暴行遍佈各地，黑人的反種族歧視運動也一波高過一波。就在墨西哥奧運會之前，美國國家奧運選手中的26名黑人運動員決心在全世界面前展現他們爭取和白人一樣自由、平等的權利的要求。他們事前約定：比賽時一律穿黑襪子，每個人都要佩戴一面寫著「奧林匹克法律是保障人權」的徽章。而來自德克薩斯州的黑人湯米・史密斯，還悄悄地為自己準備了一雙黑手套。

　　1968年10月15日，墨西哥夏季奧運會的第四天，兩名美國黑人運動員湯米‧史密斯和卡洛斯分別獲得了200公尺的金牌（19秒8）和銅牌（20秒）。按照正常程序，將要進行頒獎典禮了，在領獎前，史密斯激動地對他的好友卡洛斯說：「忍受了這麼多年，就為了這個時刻。」於是他將自己的計畫告訴了好友，慎重的說：「你也可以決定自己做什麼。」卡洛斯看著他，乾脆地說：「我當然跟你一樣。」史密斯拿出了他一直慎重保管的黑手套：「我帶右手，你戴左手。」

　　於是，兩名黑人運動員戴著黑手套站到了領獎台上，24歲的史密斯還繫著黑領帶，卡洛斯則掛著珠子項鍊。就在國際田徑聯合會主席艾克薩特昂首走過來為他們頒獎的時候，戲劇性的一幕出現了：兩名運動員拒不摘下他們的黑色手套，堅持戴著手套接受頒獎。在頒獎結束後的升旗儀式上，他們兩人還脫下了鞋，露出腳上的黑襪子，當美國國歌奏響，星條旗冉冉升起的時候，史密斯低垂下頭，高高舉起了那隻戴著手套的拳頭，卡洛斯猶豫了一下，也舉起了他的拳頭。儀式之後，史密斯和卡洛斯依然高舉著手臂走向觀眾席。

　　後來史密斯解釋說，他們的黑領帶和珠子項鍊象徵著美國社會強加於黑人的刑法，赤腳代表著黑人的貧窮，黑拳頭則顯示著黑人的力量和團結，他的右手代表著「美國黑人的權利」，而卡洛斯的左手則代表了「美國黑人的聯合」。

　　驚愕的人們沉寂了，隨之暴風雨般的掌聲和歡呼聲響了起來。然而，這件事情卻惹惱了國際奧會和美國代表團的官員們，讓他們狼狽不堪。事情發生後，美國代表團迅速取消了史密斯和卡洛斯的隊員資格，不允許他們參加本屆奧運會田徑比賽的4×100接力賽，並將他們兩人驅趕出代表團選手村，而墨西哥政府移民局也限他們兩人在24小時之內離開墨西哥。

　　然而，事情還沒有結束，幾天後的接力賽中，由格林、彭德爾、羅尼‧雷‧史密斯、海因斯四名黑人組成的美國隊獲得勝利。頒獎時，他們全都戴著黑色的無沿軟帽站在領獎台上，以示對他們黑人隊友的支持和對政治迫害的無聲抗議。

　　回國後的史密斯遭到了國內種族主義者的打擊和迫害，他無法再參加任何比賽，只能依靠修理汽車生活。然而，對於這一切，史密斯從來也沒有後悔過，三十多年後的他回憶起當時的行為，依然堅定的說：「我們是黑人，並且為自己是黑人而感到自豪。我們並不孤單，每個國家都有觀眾在看台上，我們想讓整個世界知道美國黑人正在為重獲尊嚴而努力著。」

心靈思考

　　奧運會發起人顧拜旦曾在《體育頌》中這樣寫道：「體育，你就是正義！你體現了社會生活中追求不到的公平與合理！」也許正是因為意識到這一點，史密斯才會選擇了在奧運會的領獎台上向世人訴說他對於平等權利的渴望。那高高舉起的拳頭，定格成為了奧運史上最光彩的瞬間。

　　為平等的權利而戰，這不是自私的個人主義，它是人類對自身的肯定與尊重，它是人類追求幸福生活的基本權利。每個人都有追求平等的權利，每個人也都有追求平等的自由，只要還有不平等存在，人類就會去抗爭，這是人類最偉大的精神，也是人類最本真的渴求。如果你猶豫、害怕，就想想史密斯那高高舉起的拳頭吧，它是人類最堅定的控訴，也是人類最勇敢的表達。

奧 運 小 知 識

射擊（Shooting）：

據史料記載，射擊運動最早起源於狩獵和軍事活動。15世紀，瑞士就曾經舉辦過火繩槍射擊比賽。500多年前，斯堪的納維亞半島就興起了跑鹿射擊的遊戲活動。19世紀初期，歐洲一些國家還舉行過對活鴿子射擊的遊戲，這些都是現代射擊比賽的雛形。

在現代奧運史上，除了1904年第3屆奧運會和1928年第8屆奧運會外，射擊在其餘各屆奧運會中都是正式比賽項目。1896年在雅典舉行的第1屆奧運會上，射擊比賽設5個項目，1920年第7屆奧運會上增加到21個項目，也是迄今為止歷屆奧運會中射擊設項最多的一次，2008年北京奧運會，射擊將設置15個比賽項目。

從1968年起，允許女子運動員參加奧運會射擊比賽，但當時並沒有設專門的女子項目，她們可與男子同場競技。從1984年奧運會起，開始設立部分女子項目，1996年奧運會開始將男、女射擊比賽完全分開。

「亞洲飛人」劉翔
「亞洲有我」的個性張揚

奧運金牌得主小簡介：

劉翔於2004年在雅典舉辦的第28屆奧運會上，奪得110公尺跨欄金牌，打破了奧運會紀錄，並平了世界紀錄。

姓名：劉翔（Liu Xiang）

性別：男

生日：1983年7月13日

身高：189公分

體重：74公斤

籍貫：中國上海

項目：田徑110公尺跨欄

輝煌戰績：

2000年世界青年錦標賽男子110公尺跨欄第4名；

2001年全運會、東亞運動會、世界大學生運動會男子110公尺跨欄冠
軍；

2002年瑞士洛桑國際田聯一級大獎賽以13秒12的成績打破男子110公尺
跨欄亞洲紀錄，排名世界第4；

2002年第14屆亞運會男子110公尺跨欄冠軍；

2004年8月27日在第28屆雅典奧運田徑男子110公尺跨欄項目中以12秒
91的成績奪得金牌；

2006月7月12日，他在洛桑田徑黃金聯賽中以12秒88打破了由科林傑克遜保持了13年之久的世界紀錄；

2007年2月11日，在德國田徑室內賽上他以7秒42打破了60公尺跨欄亞洲紀錄。

　　2004年8月28日的雅典奧運會，所有中國人的目光都聚集到了一個人身上，他叫劉翔。這個21歲的小伙子，是中國奪取第一面奧運田徑金牌最大的希望，也是亞洲獲得第一面短跑項目金牌最大的希望。

　　110公尺跨欄的決賽場上高手雲集，雖然最強大的對手阿蘭·詹森意外失手，未能進入決賽，但站在劉翔身邊的，是突圍而出的黑馬多庫里，奧運亞軍、曾戰勝過劉翔的特拉梅爾，古巴的奧運冠軍加西亞，拉脫維亞名將奧里加斯。這一場巔峰對決，到底誰能笑到最後，還是一個未知數，「黃色閃電」能否破圍而出，是這場比賽中最大的懸念。

　　兩次無效起跑之後，劉翔第一個衝出了起跑線。如疾風，如閃電，一道紅色的身影怒吼著跨過一個個欄杆。到了八十公尺之後，他的優勢已經無可追趕了，劉翔就這麼高昂著頭，自信地衝向了終點線。12秒91，他就這麼打破了奧運會紀錄，並追平了世界紀錄。劉翔成為中國第一位在奧運短跑項目上摘金的選手，並超越了短跑女傑紀政在1968年墨西哥奧運會上寫下的女子80公尺跨欄銅牌的奧運田徑短跑項目中的最佳成績。全場響起了熱烈的歡呼聲，為這個創造歷史的亞洲小伙子。

　　看過頒獎典禮的人一定不會忘記那一幕：在110公尺跨欄的頒獎現場，劉翔是躍上領獎台的，他就那麼輕輕地，卻是堅決地躍上了那高高的領獎

台，將他身披的紅旗高高地展開來，向全世界宣告著，這是他的勝利，這是中國人的勝利，這是亞洲人也是黃種人的勝利。

在記者會上，自信滿滿的劉翔對著全世界宣告：

「在來雅典之前我沒想那麼多，只想發揮出自己的水準，把競技狀態調整到最好。比賽前更是什麼都沒有想，沒想到能拿金牌，也沒想到能跑出13秒，我認為黃種人能跑出13秒是不小的成績，是一個奇蹟，我想在今後的運動生涯中，有更多的奇蹟等著我去創造，相信我吧！」

「是的，今天我是世界冠軍，我要讓所有人都看到，我，一個黃皮膚的中國人，也能飛起來。」

「唯一的遺憾，就是沒能在決賽上親手打敗詹森，下一回，我要親自戰勝他。」

「請大家不要以為亞洲或中國運動員短跨項目不如歐美，我會用實際行動證明，亞洲有我，中國有我。」

這個神采飛揚的大男孩就是這麼的自信。他總是這麼充滿活力，不害怕所有對手，不相信天生的種族差別論，他只相信自己的速度，相信自己的能力。

1983年7月13日，劉翔出生在中國上海的一個普通家庭，小時候的他特別的頑皮，膽子又大，讓家人頭疼不已，於是，父母把他送進了少年體校，希望體校裡的嚴格教育能夠磨磨他的性子。剛到體校，他練的是跳高。體校的教練回憶說：「雖然在所有的訓練選手中劉翔是年齡最小的一個，但他那股不服輸的精神，讓我印象非常深刻。那時候，只要我把跳高橫杆升到大家從來沒有跳過的高度，你準能聽到一個聲音，『讓我先來。』而後不管三七二十一，劉翔會大步流星地向橫杆衝過去，每次都將膝蓋擦得青一塊紫一塊。問他下次還跳嗎？他會邊揉腿邊堅定地說：『跳！』」

劉翔自己說，他的堅決是受爺爺的影響。他還只七、八歲的時候，70歲的爺爺有一天突發其想，想學自行車，於是立刻去學，而且學會了，那時候，劉翔就想，爺爺70歲都能學會騎自行車，自己為什麼要放棄呢？從此，只要是自己喜歡的事，他無論如何都不肯放棄了。

在一次少體校舉辦骨齡測試時發現，劉翔的腿部骨骼已基本成形，發育空間不大。這意味著劉翔將來的身材不太適合練習跳高——他長不到一個世界級跳高選手理想的高度。正在迷茫中的劉翔遇到了孫海平，孫海平一眼就看出了這個小伙子的優點——速度快、節奏好，孫海平立刻肯定，這是個練跨欄的好手。

訓練才半年，劉翔就參加了有生以來的第一場跨欄比賽，這場比賽，他

跑了15秒70，拿到了該組別的冠軍。教練和師兄弟們都驚訝了，「只有半年啊，技術動作都沒定型，身體都沒長結實，就比大孩子還能跑了。」可是劉翔並不覺得怎麼樣，他在教練面前拍胸脯說：「老師，明年我們跑14秒70。」不過，劉翔並沒有讓老師等到明年，就在同一年的9月，他已經跑出了14秒70的成績。

劉翔的師兄談春華回憶起他說：「他就是不服輸，好強得要命，輸贏比什麼都重要，小不點卻老是喜歡跟大孩子比賽。」小劉翔那時候就喜歡拉著比他大兩三歲的孩子來比賽。而且年紀小小的他老愛挑著眉毛說：「我不比你慢！」不比贏絕不肯甘休。

就是這不服輸的精神，讓劉翔一點點地進步，越來越快，越來越快。雅典奧運會之後，他對世人宣告，「到2008年奧運會，我要再把世界紀錄破了。」不過，他的腿還是快過了他的想法，2006年7月12日的瑞士洛桑大獎賽上，就在自己23歲生日的前一天，劉翔用12秒88的成績打破了世界紀錄，真正成為了世界110公尺跨欄的第一人。

《時代》亞洲版的文章說：「劉翔是一個更深層次、更情感化的標誌，他代表所有亞洲人都引以為傲的素質：對成功單純而執著的追求。」劉翔自己說：「我在進步，我的對手也在追趕之中。但我喜歡接受挑戰，對手越強，越能激發我的鬥志。」這個年輕的大男孩，還在昂著頭，自信著奔跑。

心靈思考

　　今年才25歲的劉翔怎麼看也都還是一個大男孩，他還在為臉上的青春痘煩惱，上雜誌的時候，他會希望人家修掉他臉上的青春痘；參加慶典的時候，他會到處找人幫他打領帶，因為他還不會，不過，這一切都不會妨礙他成為一個有自信的人。其他的運動員在獲獎之後，往往都是說些「謝謝教練」、「謝謝家人」這類的話，劉翔不是，他只是很坦率地展現自己。他很清楚自己的長處，他從不掩飾他的驕傲與自豪，他並非不知道謙虛為何物，他也不是驕傲自大，他只是坦率地展現他的欣喜與快慰。

　　曾幾何時，我們總是將謙虛奉為至高的品德，面對讚美，一定要「不不不」、「客氣客氣」，可是，捫心自問，這真的是真心話嗎？我們為什麼要否認自己的才華和苦練呢？我們為什麼不能大聲勇敢地說「是的，我很棒，我是最好的」呢？展示自己的長處並不是自大，這是自信。每個人都應該勇敢的站出來，告訴自己，也告訴世界，我很棒，我是最棒的。自信的人才勇於奮鬥，自信的人才能贏得未來。別猶豫了，快快張揚你的個性吧，這是個需要個性的年代，這是個鼓勵個性的年代。有個性才有自信，有自信才能贏。

奧 運 小 知 識

射箭（Archery）：

現代射箭運動在14世紀起源於英國，它由武士的軍事需要演變成娛樂運動。16世紀出現了三種射箭的運動形式：第一種是對靶射箭，第二種是地靶射箭，第三種是漫遊射箭。

在第2、3、4、7屆奧運會設有射箭比賽，由於射箭項目沒有統一的競賽規則，第7屆奧運會後，射箭項目被取消。1931年國際射箭聯合會（簡稱國際箭聯）正式成立，制訂了國際箭聯輪賽規則，但直到1972年，國際奧會才將射箭運動正式列入奧林匹克比賽大綱。男、女團體均於1988年被列為奧運會正式比賽項目。

「體操沙皇」涅莫夫
寬容贏得全世界喝采

奧運金牌得主小簡介：

涅莫夫奪得了1996年奧運會的團體、跳馬金牌，以及2000年奧運會的全能及單槓金牌。

姓名：阿列克謝・涅莫夫（Aleksei Nemov）

性別：男

生日：1976年5月28日

身高：173公分

體重：64公斤

國籍：俄羅斯

項目：體操

輝煌戰績：

1994年歐洲錦標賽，獲男子地板冠軍；

1995年馬來西亞沙巴（州）世錦賽，榮獲男子跳馬第一名；

1996年波多黎各聖胡安世錦賽，男子跳馬第一名；

1996年歐洲盃決賽，獲男子地板、跳馬、雙槓冠軍；

1996年美國亞特蘭大奧運會，獲得男子跳馬第一名，單槓、地板、鞍
馬第三名，個人全能第二名，團體組第一名；

1997年瑞士洛桑世錦賽，男子地板第一名；

1997年德意志斯圖加特世界盃，獲男子跳馬冠軍；

1998年馬來西亞沙巴世界盃決賽，獲男子跳馬冠軍；

1999年中國天津世錦賽，獲男子地板、鞍馬比賽第一名；

1999年德意志斯圖加特世界錦標賽，獲得男子地板冠軍；

2000年蒙特婁LE Duel盃，獲男子地板第一名；

2000年澳大利亞雪梨奧運會，榮獲男子體操個人全能、單槓冠軍，地
　　　板亞軍，鞍馬第三名，跳馬第四名，團體組第二名。

如果看過2004年雅典奧運會上男子體操單槓決賽的話，大概沒有人會忘記那一幕：

2004年8月23日，男子體操單槓的比賽現場。俄羅斯隊在之前的體操比賽中一金未得，他們將所有的希望都寄託在了28歲的老將涅莫夫的身上。涅莫夫已經是第三次參加奧運會了，之前的兩屆奧運會，他總共獲得了單槓、個人全能、跳馬和團體共四面金牌，實力毋庸置疑。今天的單槓比賽也是他的拿手項目，金牌唾手可得。

涅莫夫排在第三個出場，他在槓上一共完成了直體特卡切夫、分體特卡切夫、京格爾空翻、團身後空翻2圈等連續6個空翻和騰越，精彩絕倫，然而，落地的他迎來的卻是一個匪夷所思的分數：9.725分。

這個分數顯然完全不能代表涅莫夫完美的表演。於是，史上最令人感動的場面出現了，在場的九千觀眾全部站立起來，齊聲發出了不滿的噓聲。這裡的噓聲，不僅僅是對裁判不公判決的抗議，卻也是對涅莫夫精彩表演的最好讚賞。迫於壓力，馬來西亞裁判和加拿大裁判都將自己的分數改為了9.75

分，涅莫夫的分數變為了9.762分。可是，這並不能讓觀眾們滿意。他們也許不懂得體操的評分規則，但他們絕對看得懂單槓上的翻滾騰越。噓聲還在持續著，人們在用自己的方式表達著對奧運公平、公正的最基本要求。

　　噓聲持續了近10分鐘之久，裁判員們手足無措，不知如何是好，這時候，涅莫夫走上台來了。他先是深深地對著觀眾們鞠躬，然後平舉雙手，示意觀眾們坐下，讓比賽繼續，他不斷地對四面的觀眾鞠躬示意，並將手指壓在嘴唇上，希望他們安靜。在場的觀眾都被涅莫夫寬容大度的精神打動了，他們響起了有節奏的掌聲，將之獻給了他們心目中的無冕之王涅莫夫。隨後，比賽才得以繼續進行。當然，一切並沒有結束。接著出場的保羅‧哈姆贏得了9.812的高分，這再次引起了觀眾的不滿，全場「涅莫夫」的喊聲再次響起……

　　賽後，儘管涅莫夫仍然與獎牌無緣，但他卻受到了英雄般的歡迎，他離開賽場時得到的掌聲和歡呼聲甚至超過了幾位獲得獎牌的運動員。對於這一切，涅莫夫感動地說：「觀眾們來到這裡，就說明他們熱愛體操，觀眾是不會被欺騙的。」

　　走下賽場的涅莫夫被無數次詢問到當時的情景，以及他對這不公平裁判的看法，然而，溫和的涅莫夫總是永遠都表現的十分平靜，從不置以一語批評，只有當回憶起雅典現場的觀眾時，他才毫不掩飾自己的感動。「我做夢都沒有想過雅典的觀眾會這麼支持我，我差點都流淚了。雖然比賽失利很讓人沮喪，但觀眾的支持讓我此次奧運別具意義，我想這是我最後一次參加奧運會了。」「我要感謝所有的觀眾，正是他們的支持使我感到了從未有過的力量，謝謝他們讓我在我的奧運之行充滿了紀念意義，雖然這並不是我夢想中的……」

　　有人說，涅莫夫留給人們的是那六個槓上世界絕無僅有的騰越，和那誰與爭鋒的君子風範。可以肯定的是，當年的單槓冠軍已經被人遺忘到腦後的時候，涅莫夫平靜、寬容的微笑還將永遠鮮活於所有人的心中。

心靈思考

　　偉大的永遠是人格。當涅莫夫站在台上勸慰那些憤怒的觀眾的時候，他的寬容與大度，已經深深折服了這整個世界。到了今天，還有幾個人能夠記得那場比賽的冠軍，可是，涅莫夫的名字卻將永遠被牢記，他是奧林匹克史上閃耀著人性光輝的一頁，他用自己的行動最真切的闡釋了奧林匹克精神的內涵。

　　奧林匹克從來就不是為競爭而生的，它本來就應該是一種精神，一種和平、友愛、平等、和諧的精神，它可以團結一切種族、國家，讓所有人都感受到體育精神的閃耀，它本來就應該是人類間寬容與和諧的宣揚。

　　涅莫夫失去了比賽，卻贏得了世界。偉大的人格是一杯醇酒，越沉越香。寬容的氣度與博大的胸襟是每個人所應具備的基本品德，卻也是最難擁有的品德。大多數人在面對不公平的對待時會沮喪、會憤怒、會失控，卻很少有人能夠平靜地去看待這一切。「海納百川，有容乃大；壁立千仞，無欲則剛」，能夠保持一顆平常心的人是真正無慾無求的人，他們才會獲得最大的尊敬。成績與紀錄總會被超越，可是偉大的人格卻可以傳頌千古。

奧　運　小　知　識

鐵人三項（Triathlon）：

鐵人三項運動起源於20世紀70年代初，由美國聖地牙哥田徑俱樂部為進行長跑訓練而創造的。最早的鐵人三項比賽是1974年在美國聖地牙哥舉行的，比賽由10公里跑步、8公里自行車和500公尺游泳組成，這就是鐵人三項運動發展的雛形。與此同時，一群體育官員在美國夏威夷爭論「什麼運動項目最具刺激性、挑戰性，最能考驗人的意志和體能的問題」時，原美國海軍準將約翰．克林斯提出，一天之內，完成3.8公里大海游泳、180公里環島自行車騎行、最後跑完42.195公里的馬拉松全程，誰就能稱得上是真正的超級運動員。第二天有15人參加了比賽，其中還有一名女選手。最後有14人賽完了全程，被授予了「鐵人（Ironman）」稱號。

後來，人們就把這項一次連續完成游泳、自行車和長跑的組合項目，並且能夠充分地體現出運動員在體能、速度和技能上均具有挑戰的綜合性競技運動項目稱之為「鐵人三項」。而採用游泳3.8公里、自行車180公里、跑步42.195公里的鐵人三項比賽被稱為「超級鐵人三項」，並被美國的世界鐵人公司（WTC）註冊所有。

「常青樹」丘索維金娜
母愛支撐起的體育奇蹟

奧運金牌得主小簡介：

丘索維金娜在1992年巴賽隆納奧運會上獲得女子團體冠軍。

姓名：丘索維金娜（Chusovitina）

性別：女

生日：1975年6月19日

身高：153公分

國籍：德國（原為烏茲別克）

項目：體操

輝煌戰績：

1991年代表獨聯體奪得世錦賽女子團體和地板金牌、跳馬銀牌；

1992年世錦賽跳馬銅牌；

1993年世錦賽跳馬銅牌；

1994年獲得跳馬和平衡木第三名；

2001年世錦賽跳馬銀牌；

2002年世錦賽跳馬銅牌；

2002年亞運會，代表烏茲別克斯坦奪得跳馬和地板冠軍、平衡木亞
　　　軍；

2003年世錦賽跳馬冠軍。

國際體操聯合會中有三個動作以其命名（兩個在高低槓，1個地板）。

在當今的體操賽場上，有一位讓人肅然起敬的女性，她以三十多歲的年紀，活躍在體操的賽場上，打破了女子體操運動員運動生涯不能超過二十歲的限制，頻頻成為奪冠的大熱門，她——就是丘索維金娜。

早在1991年，第一次在國際大賽中露臉的丘索維金娜就在世錦賽中奪得了地板的金牌和跳馬銀牌，並幫助女隊奪取了團體金牌。第二年，她又和隊員們一起，在巴賽隆納奧運會上奪得了團體金牌。之後，她開始活躍於一系列大賽上，並獲得了「跳馬皇后」的稱號。

其實，丘索維金娜在比賽中拿到的金牌並不算多，但她之所以如此受人尊敬，不僅僅是因為她堅強的毅力，更因為她對於孩子的一片深深的舐犢之情。

今年33歲的丘索維金娜已經是兩個孩子的母親了，按照體操運動員20歲退休的慣例，她早應該是退休在家，過著安適日子的人，而她堅持出現在運動場上的原因，是因為她有一個患有白血病的兒子。

1998年，丘索維金娜嫁給了摔跤運動員帕諾夫，第二年，他們生下了第一個兒子阿廖沙。誰知道，2002年，不滿5歲的阿廖沙就被查出患有白血病。可是在烏茲別克，丘索維金娜和她當摔跤運動員的丈夫收入都不高，他們微薄的工資無法負擔高昂的治療費用，為了挽救孩子的生命，丘索維金娜決定重新復出參賽，依靠比賽的獎金，來做為孩子長期的治療費用。

一般來說，生過孩子的人是不適合再做體操運動員的，可是，為了自己的孩子，丘索維金娜毅然地做了重回運動場的決定。憑藉著之前的威名，丘索維金娜很快找到了一家德國科隆的塔耶塔俱樂部，之所以選擇德國，是因為那裡有著先進的治療設備，她將孩子也帶到了德國，讓他在科隆進行治療。俱樂部為她支付治療的擔保費用，讓她可以安心的進行訓練和比賽。

　　從此，丘索維金娜開始了在世界各地的奔波。她不願意放棄任何比賽，因為她需要比賽的獎金來做為孩子的治療金。同時，身為烏茲別克最優秀的體操運動員，她還要回國去代表自己的國家參賽。她就這麼奔波於德國與烏茲別克之間，懷抱著治好孩子的強大心願，出現在每一個賽場上。

　　母親的愛具有無窮的力量。2002年釜山亞運會，27歲的丘索維金娜媽媽摘取了地板與跳馬兩面金牌。2003年阿納海姆世界錦標賽跳馬冠軍，2005年墨爾本世界錦標賽跳馬銀牌，2006年世界盃莫斯科站比賽跳馬金牌和平衡木銅牌，世界盃根特站比賽跳馬金牌。這一連串的獎牌，都是一個偉大母親用母愛支撐起來的奇蹟。

丘索維金娜的好友霍爾金娜說：「丘薩（暱稱）所做的一切都是個奇蹟，世上還沒有任何一位體操選手在做了母親後，在這樣的年齡還能取得這麼好的成績，科學家們應該好好研究她這個現象。」而對於丘索維金娜來說，這一切的原因很簡單，「我別無選擇，為了支付給我兒子治病的高額費用，我必須努力工作。」這麼多年的時間裡，她不敢傷、不敢病、不敢停，她一直堅持著，為了她的孩子。

這位偉大的母親絕對無愧於人們對她的尊敬。在德國表示只要她代表德國參賽，就為她墊付她孩子一切的醫療費的時候，這曾經一切向「錢」看的母親，卻放棄機會，堅持要為祖國出戰，她很清楚，國家隊的二號人物戈爾捷耶娃與她還有相當差距，如果她離開了，那麼今後烏茲別克就拿不到金牌了。德國人被她無私的精神所打動，決定無償地負擔起她孩子的全部醫療費用，而這時，丘索維金娜卻做了一個驚人的決定：她決定加入德國籍。她之所以做出這個決定，完全是因為感激德國為她和她的孩子所做的一切，「做出加入德國隊的決定並不容易，如果沒有德國體操圈人士的幫助，我的兒子可能早就離開人世了。沒有他們的幫助，我很難走到今天！」她決定將自己剩下的時間都奉獻給德國。國際體聯也很快同意了她代表德國參戰，於是，再次出現在賽場上的丘索維金娜，開始了她新的運動征程。

有記者問丘索維金娜：「當妳和很多比妳小10幾歲的小姑娘一起參賽時，妳是否感到了壓力？」丘索維金娜回答說：「每個人情況不一樣，別人是別人，我是我。」是的，丘索維金娜是不一樣的，這位堅強而偉大的母親，會以她無窮的勇氣和毅力，成為體操世界中最令人感動的一道風景。她說，如果情況允許，她希望還能出現在北京奧運會的賽場上。

心靈思考

愛會創造奇蹟。當丘索維金娜站在比賽場上的時候，是愛為她灌注了力量，讓她足以對抗無情的時間流逝，對抗不可避免的精力衰退。每一次，當她站上賽場的時候，她已經贏了，她贏過了無情的歲月，她贏過了身體的極限。

肯亞一名27歲的貧窮農婦切默爾，為了籌錢給4個孩子上學，想到馬拉松比賽有高額獎金，便開始練習長跑。練習的日子裡，她經常因為營養不良而昏倒在地，然而她從來也沒想過放棄。終於，她賣掉家裡唯一的財產——牲口，籌集了路費，參加了內羅畢國際馬拉松比賽，並且贏得了冠軍。當記者問她的成功秘訣時，她坦白道：「因為我非常渴望那7000英鎊的冠軍獎金，有了這筆錢，我的孩子就有錢上學了。」現場響起了熱烈的掌聲。

一個心中有愛的人一定會是勇敢的人，一個懂得愛的人一定是個溫和的人。他們的人生充滿希望，他們有明確的目標，有不達到目標不罷休的勇氣，有堅強的後盾，他們不畏懼、不膽怯、不退縮，他們心中懷抱著必勝的信念。

不會愛的人不會快樂，因為他們不懂得付出，他們也就無法享受獲得的快樂。一個有愛的人才是快樂的人，他們懂得愛人，他們能夠從愛中體會到幸福。所以，學會愛別人吧，付出的時候你會發現，原來給予是這麼快樂，它能夠讓你感受到存在的意義。

奧 運 小 知 識

網球（Tennis）：

1896年，在希臘首都雅典舉行的第1屆現代奧運會上，網球是奧運會八大比賽項目之一，也是唯一的球類比賽項目。這次比賽只有男選手參加，項目為單打和雙打。女子單打、女子雙打直到1900年和1920年才分別被列為奧運會正式比賽項目。

後來，由於國際奧會和國際網球聯合會在「業餘運動員」的定義上有分歧，已經連續七屆奧運會都進行的網球比賽被取消，網球項目1924年退出奧運會，直到1984年第23屆洛杉磯奧運會上再次被設為表演項目，1988年才恢復成為奧運會正式比賽項目。

「空中芭蕾王子」洛加尼斯
坦白是最大的美德

奧運金牌得主小簡介：

洛加尼斯於1984年美國洛杉磯第23屆奧運會上，在男子跳水10公尺跳台跳水和3公尺跳板中榮獲兩面金牌，隨後在1988年的漢城奧運會上，又奪得男子10公尺跳台跳水和3公尺跳板跳水的金牌。

姓名：葛列格・洛加尼斯（Gregory Louganis）

性別：男

生日：1960年1月29日

身高：173公分

體重：61公斤

國籍：美國聖地牙哥

項目：跳水

輝煌戰績：

1976年加拿大蒙特婁夏季奧運會上，獲得男子10公尺跳台跳水銀牌；

1979年世界盃跳水錦標賽，獲男子10公尺跳台金牌；

1982年厄瓜多爾第4屆世界游泳錦標賽，獲男子3公尺跳板金牌；

1984年23屆洛杉磯奧運會，獲得男子3公尺跳板和10公尺跳台跳水兩面
　　　金牌；

1986年世界跳水錦標賽，獲男子3公尺跳板金牌；

1988年24屆漢城夏季奧運會，獲得男子10公尺跳台跳水和3公尺跳板跳

他是洛加尼斯，1984年和1988年的奧運會上囊括跳台跳水和跳板跳水兩個項目共四面金牌的佳績，他42次獲全美跳水賽冠軍，35次奪得國際跳水大賽金牌。因為健美的身材與優美和諧的動作，他被人們尊稱為「空中芭蕾王子」，為他評分的現場裁判感慨：「給洛加尼斯評分是一種藝術享受。」

洛加尼斯生於太平洋的一個小島——薩摩亞，他的生父是薩摩亞人，正因為如此，他在學校常常被同學諷刺為「娘娘腔」、「黑鬼」和「蠢驢」，加上養父又有酗酒的習慣，這讓洛加尼斯更加的敏感與脆弱，總是一個人獨處，在孤獨中度過了童年。

孤獨中的洛加尼斯最終發現了唯一可以安慰他的東西——跳水。他說：「跳水是我可以引以為榮和擅長的東西，是我回擊那些取笑我的人的唯一方式。我罵不過他們，也不想動拳頭，但我可以用跳水來證明一切。」

1984年的奧運會，他以精彩絕倫的表演，毫無爭議的獲得了兩面金牌。到了1988年的漢城奧運會上，在3公尺跳板預賽中，葛列格‧洛加尼斯的頭撞到了跳板上，鮮血當即染紅了池水，在即時的包紮之後，他重上跳板，並一舉擒獲了兩面金牌。

然而，讓人跌破眼鏡的事情發生了，幾年後，洛加尼斯承認了自己的同性戀身分。1993年，洛加尼斯在一部描寫90年代同性戀生活而轟動一時的非百老匯戲劇Jeffrey中扮演一名罹患愛滋病的同性戀舞蹈演員戴瑞斯。談到

為什麼要扮演這個角色的時候，洛加尼斯說：「扮演戴瑞斯這個角色使我坦然地面對恐懼，度過了一段快樂的時光，戴瑞斯站出來了。他最愛說的一句話就是『我們是同性戀者，但我們活著，還上了電視呢！』」在1994年4月紐約舉行的第4屆世界同志運動會上，洛加尼斯再次在眾人面前公開「亮相」了，這也是他正式以同性戀的身分亮相。在開幕式上的歡迎辭中他說：「亮相的感覺真好，我很自豪。」對他來說，坦白承認自己的身分是一件輕鬆而愉快的事。

　　1994年12月，在接受哥倫比亞廣播公司的時事雜誌節目主持人芭芭拉·華特斯的採訪中，勇敢的洛加尼斯公開了自己最大的秘密——他感染了愛滋病病毒。他坦白說，在1988年奧運會的六週前，他就知道了這個結果，當時

他想要放棄奧運會，然而他的醫生勸服了他，讓他服用藥物治療，並繼續訓練。後來在預賽中受了傷，「當醫生幫我縫合傷口的時候，我覺得我有責任告訴他我感染了愛滋病毒，因為其他運動員可能會受感染。」但他的想法再次被他的醫生勸阻了，而恐懼的洛加尼斯正當搖擺不定的時候，他猶豫不決，終於沒有說出來。

多年來，洛加尼斯一直為這件事而感到內疚，當他公開了這件事之後，他感到了前所未有的輕鬆。他說：「我知道，幾年前就有人希望我能站出來了，但每個人都有自己的人生旅程，好比一個個的人生驛站，只有當我一切準備好了之後才會開始下一段的旅程。」「我常常想在跳水之外做點其他的事情，也許我的故事可以阻止哪怕一個青少年感染愛滋病毒，我也就心滿意足了。」

1995年，洛加尼斯出版了他的自傳《破水而出》，他真誠地剖析了自己的心路歷程，並開始積極的為同性戀的權益和宣傳愛滋病預防知識奔走。他依靠自身的影響力讓同性戀運動員獲得了應有的尊重，他呼籲人們早做HIV測試，因為「正確的治療可以大大延長生命的年限」。他還現身說法，將不安全性行為和缺乏自尊聯繫起來，「人首先要潔身自愛，這樣才能使自己和你身邊的人免受傷害。」

坦率承認的洛加尼斯並沒有因為那讓人望而生畏的疾病而被人們厭棄，更多的人表達了他們對洛加尼斯的喜愛，他們告訴洛加尼斯，他的坦白行為是對他們最大的鼓舞。對此，洛加尼斯謙遜的說：「人們視我為榜樣，我實在是受之有愧。我和大家一樣，都是普普通通的人，孰能無錯呢？」

心靈思考

　　洛加尼斯能夠為人所景仰，不光是他無與倫比的跳水才華，還有他坦誠的人生態度。在他直接面對自身的疾病，坦白他曾經犯下的過錯的時候，他已經戰勝了自己，他已經獲得了新生。毫無疑問，他是一個同性戀，但從某種意義上來說，他是一個真正的男人。他懂得承擔自己的責任，他勇於承認自己的失誤，他會依靠自身的努力來為他人換得更為健康、更為公平的生活，他無愧於「最佳運動員」的稱號。

　　正如洛加尼斯說過的一樣，「人非聖人，孰能無過」，何況聖人也難免會犯錯，普通人何能倖免呢？犯錯並不可怕，重要的是要承認錯誤，並學會從錯誤中汲取教訓，並加以改進。能夠真誠面對自己的錯誤的人是勇敢的人，這種勇敢不盲目、不激進，它是人對於自身深刻的自省與反思，它是光輝人格最質樸也最光彩的呈現。勇於認錯的坦白，不會喪失所謂的面子，不會失去虛幻的尊嚴，反而它會讓人得到真正的、發自內心的尊重。勇於認錯，坦然面對自己的內心，是一個人最崇高也是最基本的品德。

奧 運 小 知 識

排球（Volleyball）：

排球起源於1895年由美國麻塞諸塞州霍利奧克城的基督教青年會幹事摩根所創的室內遊戲。1896年摩根制訂了世界上第一個排球競賽規則，同年在斯普林菲爾德專科學校舉行世界上最早的排球賽。最初遊戲是在籃球場掛一張網，兩隊隔網站立，用籃球在網上打來打去，不使其落地。斯普林菲爾德市立學院的特哈爾斯戴博士將其命名為Volleyball，意為「空中飛球」。

1964年，排球運動首次亮相日本東京奧運會賽場，有10支男隊和6支女隊參加了比賽。

1993年，國際奧會在蒙特卡洛召開會議，接納沙灘排球為奧運會正式比賽項目。首屆奧運會沙灘排球比賽於1996年7月23～28日在美國亞特蘭大一個能容納10000名觀眾的體育場內舉行。有24支男隊和24支女隊參加了比賽。

「黑色閃電」歐文斯
偉大的是人格

奧運金牌得主小簡介：

歐文斯於1936年德國柏林第11屆奧運會上，在田徑項目短跑100公尺、200公尺、跳遠中分別以成績10秒3、20秒7和8.06公尺的成績獲三面金牌，並在4×100公尺接力賽中以39秒8的成績創下世界記錄得冠。

姓名：傑西‧歐文斯（Jesse Owens）

性別：男

生日：1913年9月12日

籍貫：美國

項目：田徑短跑

輝煌戰績：

1933年以9秒4平了100公尺世界紀錄；

1935年在美國第10屆大學生運動會上，創造了在45分鐘內破、平6項世界紀錄的奇蹟，其中8.13公尺的跳遠紀錄保持達25年之久；

1936年在柏林舉行的第11屆奧運會上，歐文斯獲100公尺短跑（10秒3）、200公尺短跑（20秒7，奧運會紀錄）、跳遠（8.06公尺）、4×100公尺接力賽（39秒8，創世界紀錄）四面金牌。

　　眾所周知，科學界最有名的是諾貝爾獎，新聞界最有名的是普利茲獎，電影界最有名的是奧斯卡獎，而在田徑界，恐怕就非歐文斯獎莫屬了。

　　這個獎是為了紀念被譽為「黑色閃電」、「褐色炮彈」的傑西・歐文斯所設立的。歐文斯原名詹姆斯・克利蘭德，1913年出生在美國南方一個棉農之家，他的祖父是黑奴，父親則是佃農，家中兄弟姊妹眾多。與所有的貧困家庭一樣，歐文斯很小便開始幫助家裡幹活，以減輕家庭負擔。6歲起，歐文斯便跟隨家人在棉花田採棉花，以賺取少許的工錢，他每天至少要採100磅的棉花，但所得卻十分的微薄。

　　歐文斯天生便長著一雙長腿，當時迷信的村民都認為，歐文斯會有奔波勞苦的一生，因為他的腿比誰的都長。可是對歐文斯來說，他那長長的腿只是讓他更加的熱愛奔跑，也更加享受奔跑。9歲遷居到克利夫蘭後，沒有多餘的錢購置體育器材的歐文斯便把跑跳做為他最大的愛好。

　　1936年，第11屆奧運會在柏林召開。當時的德國還是希特勒統治下的法西斯帝國，懷抱著「亞利安人種優越論」的希特勒，目空一切、不可一世，企圖在柏林奧運會上再次譜寫他「亞利安人優於一切」的妄想。這次奧運會，德國派出了460名運動員，還在裁判那裡尋求「特別照顧」，妄想製造他們的體育神話，然而，他們沒有想到的是，歐文斯出現了。

　　100公尺、200公尺、4×100公尺，歐文斯接連拿到了三面金牌，在最後的跳遠比賽中，他更是力壓德國選手盧茨，獲得了他的第四面金牌，全場都因他精彩的表現沸騰了，就算是德國觀眾，也站起身來，為他鼓掌喝采。然而，眼前的這一切，卻讓鼓吹「亞利安人種優越論」的希特勒惱羞成怒，他拒絕為歐文斯頒獎和握手，提前離開了賽場。面對著這掌握強權的獨裁者，歐文斯沒有絲毫的懼怕，他輕鬆地說：「我到這裡來的目標是為了贏得金

牌,現在我拿到了四面金牌,這已經足夠了。」

　　歐文斯拿到金牌後,英美媒體紛紛以《歐文斯擊敗希特勒》報導了這件事,歐文斯的勝利不只鼓舞了那些被歧視的黑人,也讓人們對反法西斯的抗爭有了更大的勇氣。

　　然而,令人震驚的是,這載譽歸來的英雄卻立刻在國內受到了冷淡待遇。30年代的美國還是一個種族歧視觀念佔據主流思想的時代,為了確保自己的連任,贏得白人的支持,當時的美國總統羅斯福竟然拒絕會見歐文斯。深感黑人所遭受的不平等待遇的歐文斯,憤怒的說:「希特勒侮辱了我,羅斯福也侮辱了我,相較而言羅斯福對我的傷害要大的多!」

就因為黑人所受到的不平等對待，身為奧運冠軍的歐文斯也不能倖免。為了養家糊口，他不得不屈辱地和汽車、摩托車甚至跟馬賽跑，生活十分窘迫，可是，就是在這樣的困境中，他也從來沒有忘記為黑人的權益而奔走呼告。終於，到了50年代的歐文斯開始受到了美國民眾和政府的重視，從此，不用再為生計奔波的他便開始將全部精力投入到黑人運動和體育事業中來。

1976年，國際奧會授予他銀質奧林匹克勳章，五大洲20家著名報刊也評選他為「本世紀世界最佳運動員」的稱號。1980年，他更是被歐美各報體育記者評為「20世紀最佳運動員」。這一切，不光是因為他在運動場上那無人能及的能力，也是因為他獨立的人格和偉大的操守。

心靈思考

做為一個只參加了一屆奧運會的運動員來說，歐文斯獲得的金牌不是最多的，他所保持的紀錄，也早已被打破，可是，他確實是最讓人們為之感慨的。他之所以能夠為人所記住，更多的是因為他那不屈而自信的人格，是他面對強權時毫不退縮的驕傲，是他為黑人權益而奔走時的博大胸懷。

賽場上的掌聲也許只是一時，人格的閃光才可以照耀青史。擁有獨立自信的人格，才是人生最基本的生存法則。不依賴、不諂媚、不高傲、不偏激，用一顆博大寬廣的心去看待這個世界，尊重他人，才能獲得他人的尊重；愛護他人，才能獲得他人的愛護。到了今天，也許種族歧視已經只是歷史教科書上的一個名詞，但獨立的人格卻永遠會是一個人最高貴也是最基本的品德。

奧　運　小　知　識

帆船（Sailing）：

1896年，第1屆奧運會就把帆船列為正式競賽項目，但由於天氣情況惡劣，第1屆奧運會的帆船比賽未能舉行。1900年第2屆奧運會在法國巴黎舉行，帆船運動共進行7個級別的比賽。除了在美國聖路易斯舉行的第3屆奧運會沒有帆船比賽，其餘的奧運會都列入了此項目。

1908年第4屆奧運會起改為以艇身長度分級，1928年第9屆奧運會以前以重量或長度分級，早期奧運會比賽船型不固定。而現在的比賽已經按照級別嚴格區分，重量和尺寸都相似的船隻歸入同一比賽級別。

帆船原為男女混合項目，從1988年奧運會起男女分開設項。1988年漢城奧運會設立了女子470級的比賽。2004年第28屆奧運會的帆船比賽一共有11個小項，其中男子4個項目，女子4個項目，另外3個項目是「公開」的，即男女運動員可以同時參加比賽。

附錄

奧運趣聞

「最」字篇

最順便的冠軍

牛津大學學生博蘭酷愛網球,外
出旅遊時都會隨身攜帶網球拍,第1屆
奧運會舉行時,他正好在雅典旅遊,
途經網球比賽場館,他不禁技癢,上
去一試身手,誰知居然過關斬將,贏
得了單打和雙打兩項冠軍。

博蘭比賽現場

最「大逆轉」的冠軍

1908年的奧運會10000公尺長跑比賽只有四個人參加,美國人甘尼諾腳
受傷了,落到了最後,正當他覺得奪獎無望打算退出比賽的時候,前面領先
的三個人因為超越撞在了一起,而且受傷嚴重,當即被抬出場去治療了,於
是甘尼諾走著到了終點,輕鬆獲得了冠軍。

最不被重視的奧運冠軍

美國19歲黑人跳高選手杜馬在第16屆奧運會選拔賽時成績平平,因此教
練根本沒把他放在眼裡,比賽前教練甚至忘記了叫他入場,結果無奈中的杜
馬只好自己買張門票進場,此時比賽馬上就要開始,他顧不了做準備活動就
匆忙上場,結果竟以破世界紀錄的2.12公尺奪冠。

最出乎意料的冠軍

牛津學生喬治・羅伯遜偶然看到第1屆奧運會召開的消息，便打算去雅典參加自己拿手的鉛球和射擊比賽，結果在比賽中不敵他人，失敗而歸。不甘心的他得知當時還有希臘詩歌背誦比賽時，決心去試一試，結果因為其語音清亮，朗誦得抑揚頓挫，居然為英國贏得了首面金牌。

最高得分的奧運冠軍

早期奧運會體操得分沒有固定，經過了多次修訂，一套動作最高得分有時是20分，有時是12分，在第9屆奧運會體操比賽，男子團體冠軍隊瑞士獲得了1718.625分，真可謂是體操比賽的「天文數字」。

1896年體操比賽

最令人震驚的冠軍

波蘭選手沃而什是1932年奧運會女子100公尺短跑冠軍，但在1936年奧運會上她被新秀美國人瓦西里耶茨擊敗，於是懷恨在心，造謠說瓦西里耶茨是男人。謠言越傳越盛，國際奧會不得不出來檢驗瓦西里耶茨的真實性別，事實證明瓦西里耶茨是不折不扣的女人。46年後，已經移居美國的沃而什遭遇車禍，醫生檢查後爆出一個震撼性結果：沃而什其實是一個男人，不是變性的男人，從頭到尾無時無刻他都是男人！

最小差距拿到的冠軍

第25屆奧運會女子100公尺短跑比賽中，美國選手戴維絲和牙買加選手奧蒂幾乎同時撞線。當時戴維絲身體前傾，嘴巴率先過線，奧蒂則是高挺的胸部先過線，最後經過精密觀測，奧蒂的胸部不敵戴維絲的嘴巴，差距是千分之一秒！

最三心二意的奧運冠軍

1948年的法國女選手奧斯忒木爾得到了兩面田徑金牌。但奧斯忒木爾一個更大的愛好便是彈鋼琴。她外出比賽除了會帶上跑鞋以外，還要帶上晚禮服，因為她還要抽空去音樂廳彈她喜愛的布拉姆斯和李斯特。對她來說，這甚至是比運動更重要的事，她曾經說：「我是一個愛好運動的鋼琴家，而不是一個會彈鋼琴的運動員。」

年齡最大的奧運冠軍

1908年，60歲的瑞典射擊運動員奧斯卡‧斯旺贏得了他的第一面奧運會金牌，成為歷史上年齡最大的奧運冠軍，第二天，他又在單發團體比賽中得到了個人的第二面金牌。4年後，1912年的斯德哥爾摩奧運會，他再次贏得了單發團體比賽的金牌。

最創新的冠軍

在1896年的第1屆現代奧運會100公尺比賽中，一位來自美國的運動員

托‧伯克穿著與眾不同的背心和褲衩上場了，與其他穿著過膝短褲的運動員相比，他的裝束引來了觀眾席上的陣陣嘲笑聲，觀眾中的女性甚至掩臉不敢正視。在決賽時，運動員一般都是直直地站著的，唯有伯克採取了蹲踞式的起跑姿勢，觀眾們都被他的姿勢逗樂了，然而，伯克對此視若無睹，並一舉以12秒整的時間奪冠。

「影響力最大」的冠軍

1992年，中國射擊女選手張山在男女混合的雙向飛碟比賽中擊敗了50多名大男人取得了金牌，然而，這次比賽後國際射擊聯合會決定下屆比賽中排除婦女參賽，理由是「為更多的高水準的男人留下提升的餘地」。拿到了金牌居然導致國際射擊聯合會取消了婦女的參賽，不可不謂「影響力最大」。

最玩命的冠軍

第18屆奧運會400公尺自由式冠軍是美國選手迪希洛夫，當時他急性闌尾炎突然發作，需要立即手術，而他卻堅持咬著牙游完全程並打破了世界紀錄，讓所有人都感嘆他真是個「最玩命的冠軍」。

最可憐的冠軍

美國哈佛大學的學生康諾利不聽學校勸阻，毅然前往雅典參加首屆奧運

會的三級跳遠比賽。儘管贏得了金牌，但他違反學校要求的行為卻沒有得到原諒，回國的他收到的是哈佛大學的一紙退學通知書，現代奧運會第一面金牌得主就這樣得了金牌丟了學籍。

最得「地利」的冠軍

第2屆奧運會鐵餅比賽場設置在一片叢林中，首屆冠軍美國選手加列特投出的鐵餅全都打在了樹杈上，結果原本成績優異的他只好黯然而退，而本來成績很差的匈牙利人包埃爾運氣就好多了，沒能力打到樹杈的他反而得到了冠軍。

包埃爾在鐵餅比賽中

最會學習的冠軍

第1屆奧運會就設置了鐵餅比賽，當時，普林斯頓大學學生加勒特聽說後想要參加，但他又不知道如何訓練，靈機一動下他決定模仿雕塑《擲鐵餅者》的姿勢投擲，並按照裡面的鐵餅樣式做了一個進行訓練，結果，到達比賽現場的他很快發現比賽用鐵餅比他自己所做的要輕得多，他很輕鬆便擲出了29.15公尺，拿到了金牌。

加勒特

同一屆奧運會上獲獎最多的冠軍

　　1972年的慕尼黑奧運會，美國游泳選手馬克‧施皮茨在男子100公尺自由式（51秒22）、200公尺自由式（1分52秒78）和100公尺蝶式（54秒27）、200公尺蝶式（2分00秒70）以及3個接力賽中均創造了世界紀錄，共獲七面金牌，成為奧運會史上一屆獲金牌最多的運動員。

獲得獎牌最多的奧運冠軍

　　前蘇聯體操運動員拉娜‧拉蒂伊娜擁有多項重要的奧運紀錄。她是唯一一名奪得十八面奧運獎牌的選手；四名奪得九面奧運金牌的選手之一；唯一一名在個人比賽中奪得十四面獎牌的運動員；三名三次贏得同一奧運項目金牌的女運動員之一。

最投機的冠軍

　　奧運會最早舉行200公尺短跑比賽的時候，並無彎道，是在直線跑道上進行的。而且當時200公尺短跑比賽處罰犯規的方法很奇特，被罰者要退後一公尺起跑。美國選手圖克斯伯里便故意在起跑時做了一個假動作，引誘其他運動員犯規，使他們都被罰退離起跑線一公尺以外，這樣他便輕鬆取得了他在這次奧運會上的第二面金牌。

最有人道精神的冠軍

　　首屆奧運會的100公里自行車比賽是在運動場上而不是在馬路上進行的。運動員要在場內繞上300圈。出發後法國選手弗拉明一直領先，把對手

拉下好幾圈。突然，他發現希臘人科列蒂斯因為車壞而停下來了，當時不准更換賽車，修不好就只能退出比賽。弗拉明立即停下來幫助希臘選手修好賽車，再重登行程。最後他還是以3小時8分19秒2的成績摘取桂冠！他不愧為奧運史上最有人道精神的冠軍。

最好的「興奮劑」

第17屆奧運會公路自行車團體賽爭奪激烈。臨到終點時，3位賽手並駕齊驅。義大利運動員巴依雷蒂的右腿忽然被一隻黃蜂螫了一下。他疼痛難忍，拼命蹬車向終點衝去，想趕快到終點打死黃蜂。結果讓他甩掉了兩個對手，首先到達終點，而後才把黃蜂拍死。有人說，他奪冠軍是藉助於黃蜂，他想也對，於是給黃蜂做了一個精美的木匣，與金牌一起保存。

最奇怪獎牌

第11屆委曲求全增加了兩面由一半銀一半銅組成的混合獎牌。這是由分獲二、三名的兩名日本撐竿跳選手西田修平和大江季雄扭扭捏捏互相謙虛造成的，後來他們將謙虛進行到底，乾脆各掰一半獎牌下來，焊在一起，做成兩面四不像的獎牌。

「不」字篇

不倫不類

第11屆奧運會游泳比賽時還沒有游泳池，因此決定在皮萊烏斯附近的齊亞灣的海水裡進行。因為海水太過冰冷，很多選手都臨時放棄了比賽。更讓人費解的是，冰冷海水上漂浮著數以百計的南瓜，原來那些南瓜是用來隔離泳道的。

不可越界

上世紀20年代奧運會的100公尺比賽中，每道中都會拉起長繩子，此設備的原意是為了防止運動員做出越線犯規的行為，但因為這會使得運動員在大意越界時被繩子絆倒，造成身體傷害，後來便被廢除了。

不清不楚

第2屆奧運會，大會舉辦者「別出心裁」地將比賽項目按博覽會工業類別分在16個區域裡進行，例如擊劍被安排在刀劍製造工業區，划船安排在救生系統展覽區。實際上運動會成了招徠觀眾的體育表演，結果有的項目比賽完了，有些選手還不知道自己參加的是奧運會比賽。

不可無酒

匈牙利跳高選手Lajos Gonczy從小到大一直酒不離身，他在參加1904年奧運會時，也隨身攜帶著匈牙利烈酒。可是在比賽期間，匈牙利代表團高層怕他喝酒誤事，沒收了他的酒，結果，沒有酒精支持的Lajos Gonczy，連1.77公尺都沒有跳過，以1.75公尺獲得不太滿意的第四名。

幾天之後，他參加一項非正式的比賽，輕易的跳過了1.88公尺，當匈牙利隊員向他恭賀時，他們聞到了一股強烈的酒氣，原來，Lajos Gonczy找到了被藏起來的匈牙利烈酒。

不可告人

第3屆奧運會馬拉松比賽中，美國選手希克爾中途體力不支，正要退出比賽，路邊的教練塞給他一個小瓶子，他喝了之後健步如飛有如神助，奪得金牌。事後有人檢舉他服用興奮劑，但當時還並沒有對興奮劑的限制，因此他還是得以保留了金牌。

不成體統

第3屆奧運會時並沒有規定撐竿跳的過竿動作，因此大家各出奇招。最不成體統的是日本選手富達依，只見他從容不迫地走到橫竿前，將撐竿一端深深插入沙堆，然後爬上頂端一躍而過，弄得裁判不知所措，觀眾目瞪口呆，最後雖然他成績最好，還是被取消了成績，以致於後來做出規定「撐竿不是爬竿」。

不知所云

第9屆奧運會的裁判工作錯誤百出，讓人摸不著頭緒。瑞士自由式摔跤選手漢斯·明德爾在比賽剛結束時被宣佈為冠軍，可是在授獎時，他得到的卻是銀牌，而最後的成績公佈中，又成了第三名。

不可置信

奧運會史上成績最傑出的運動員，蘇聯的拉蒂尼娜獲得的十面金牌當中，有一面竟是她懷著身孕，憑超人的意志艱難奪得的，而且當她30歲時，她還出現在奧運會體操的賽場上。

不謀而合

第20屆奧運會鉛球決賽的頭一天，波蘭選手科馬爾惴惴不安，深夜跑出來散心，結果到了河邊他發現兩個黑影，原來是美國的伍茲和德國的迪斯，他們二人正是科馬爾的主要競爭對手，這下科馬爾才知道原來他們兩個也很緊張，於是他信心大增，在第二天的比賽中以1公分的優勢戰勝對手，順利拿到金牌。

不知所蹤

巴黎奧運會的划船比賽是在風景優美的塞納河上進行的。整個比賽的預、決賽只有兩天時間，但當時有的選手報名參加兩項比賽，這些選手就會遇到兩個項目同時進行的情況。荷蘭在雙人有舵手比賽中獲得進入決賽，布

羅克曼博士是該船的舵手。但就在決賽那天他還要參加八人艇賽，分不出身來。情急之下，他隨便找了身邊觀眾中的一個小孩交談起來，問他願不願意到划船上玩一玩，代替他參加這項比賽，這個年僅七歲的小孩欣然應允。沒想到這項比賽中，荷蘭隊獲得了冠軍，而布羅克曼博士自己參加的八人艇賽只拿了銅牌。可是，小孩沒有留下自己的名字，人們也找不到他，後來也沒有人主動承認自己是參加比賽的那個小孩。如果嚴格說的話，這個小孩子無疑是奧運會史上最年輕的冠軍。

巴黎奧運會時的塞納河

不傳之秘

50年代的男子體操界是日本人的天下，其他國家都很好奇他們的訓練方法，經過了反覆的觀察和研究，歐洲有些專家做出了一個結論：日本人喜愛食用的一種食物對體操運動特別有益，這種食物就是白米飯。於是1956年奧運會期間，白米飯成了最流行的食品。

大失所望

第2屆奧運會，由於沒有統一隊服之類的規定，各隊穿著亂七八糟。美國選手朗身著的哥倫比亞大學校服酷似巴黎賽馬俱樂部旗子顏色標誌，當他第一個衝過終點時，法國觀眾如癡如狂地歡呼叫好，事後才知鼓錯掌。

大開殺戒

第4屆奧運會，丹麥足球隊在足球預賽中以17：1的比分狂勝法國，這是奧運足球比賽史上最懸殊的比分。由此也可知道丹麥足球如何的今不如昔。

大為震驚

在阿姆斯特丹奧運會次羽量級比賽的正式成績公報上一直記載著瑞士選手明德爾是銅牌得主。實際上，當初發給明德爾的是一面銀牌。而大約在半個世紀之後的1977年，人們才從這位老人的信裡知道了真相。原來，明德爾原本應該是奧運冠軍，可是在比賽完後的半個小時，他的得分被修改得少了一分，這樣，美國選手莫里遜成了冠軍，芬蘭人菲拉亞邁吉則成了亞軍，他只能落到了第三名。為了安慰他，組委會頒給了他一面銀牌和奧運會冠軍的證件。因為瑞士代表隊無人在場，當時才19歲的明德爾又不懂得如何為自己申辯，於是，這位真正的奧運冠軍就這樣被埋沒了半個世紀。

大驚失色

　　第14屆奧運會，荷蘭「女飛人」科恩在100公尺決賽中和對手同時到達
終點。正當科恩為結果而緊張的時候，
卻聽到上空響起了英國國歌，科恩以為
自己落敗，幾欲暈倒。也就是在這時
候，對手跑來祝賀，她方知虛驚一場，
剛才的樂曲是為了歡迎英國女王的到
來。

14屆奧運會100公尺決賽現場

大意失荊州

　　第20屆奧運會籃球比賽只剩最後三秒鐘，49：48，蘇聯領先，這時蘇聯
犯規，美國罰球兩罰兩中，反超一分，美國人欣喜若狂，以為大功告成，蘇
聯卻抓住時機，在無人防守的情況下投籃命中，以51：50獲勝。

小題大作

在第7屆奧運會上，勇奪3項游泳冠軍的美國「女飛魚」布萊特雷卻因在公開場所穿著花短褲游泳而被逮捕，罪名是「有傷風化」，幸虧有眾多崇拜者群起抗議，她才得以被釋放。

小睡片刻

美國黑人選手詹森平時就嗜睡如命，在第11屆奧運會跳高比賽中，他每跳過一個高度都要蓋上毛毯小憩，然後適時醒來。當橫杆升到2公尺，裁判在叫他的名字時，人們才發現這次他已睡著了。

小菜一碟

第17屆奧運會，聯邦德國100公尺短跑選手哈里以10秒打破世界紀錄，但他第一個10秒成績因起跑速度太快而被取消，哈里憤而上訴，沒想到組委會卻讓他重跑一次。正當大家為哈里惋惜之時，只見哈里蠻不在乎，立即上陣，又以10秒成績結束全程。

小心翼翼

第18屆奧運會時，蘇聯的維·伊凡諾夫將單人賽艇金牌緊緊貼在胸前，

一副小心翼翼的樣子。原來早在8年前的墨爾本奧運會上,他也奪得了此面金牌,但因為太過興奮,他在比賽場地將金牌拋向天空,卻不慎掉入水中,他幾次入水尋找卻不能找回金牌。後來國際奧會不忍看到伊凡諾夫傷心回國,補發給他一面代替品——仿製金牌。有此教訓,伊凡諾夫這回當然不敢輕舉妄動。

小肚雞腸

第21屆奧運會,不可一世的美國跳高選手斯通斯在多次揚言金牌已成囊中之物後,意外敗給名不見經傳的19歲波蘭小將弗紹爾,比賽完之後惱羞成怒的他立刻退場,發獎牌的時候也不肯出現。

「老」字篇

老奸巨滑

　　第5屆奧運會，為雪上屆比賽中所有金牌盡失之恥，美國100公尺短跑運動員雷格用了一種別開生面的戰術：他一共搶跑八次，當別人都被他搞得暈頭轉向的時候，他卻最先奔到了終點。

男子100公尺衝線瞬間

老父情深

　　第15屆奧運會，法國選手瓦爾特以超出原紀錄10秒成績打破400公尺自由泳紀錄，看台上的老父欣喜若狂，跳過重重關卡，飛奔到泳池邊和兒子親吻。後來觸壁的選手紛紛抱怨老瓦爾特擋住了他們的視線，要求取消瓦爾特的金牌。

老實交代

　　第23屆奧運會，波多黎各奪得4×400公尺決賽資格，但在決賽中他們卻自動棄權，並自請處分。原來他們一名接力隊員因受傷不能參加比賽，便由她的孿生姊妹瑪格麗特去頂替上場。事後誠實的波多黎各人寢食難安，終於忍耐不住，自揭作弊。

老羞成怒

　　第24屆奧運會在54公斤級拳擊比賽中，南韓選手逆丁一因犯規動作猛擊保加利亞人亞歷山卓並置紐西蘭裁判瓦爾克的警告於不顧，待瓦爾克宣佈亞歷山卓獲勝之後，南韓教練老羞成怒，竟一個箭步跨上拳擊台，用職業拳法猛擊瓦爾克。

倒楣篇

裁判失職失金牌

第10屆奧運會男子鐵餅比賽中,法國選手諾埃爾一下子擲出了50多公尺遠,是場上最好成績,可是當時場上裁判因一時疏忽而沒看到,在商量了半天之後,裁判們做出了這樣的決定:「剛才法國選手投擲一次,裁判沒有看到,請再投一次。」鬱悶的諾埃爾只能按照裁判的要求重新投擲,可是這一次他可沒有那麼好的運氣,最後眼睜睜看著金牌被其他人拿走。

跑第一不是冠軍

第二屆奧運會馬拉松比賽

第2屆奧運會馬拉松比賽,美國選手牛頓過半程後就一直領先,直到終點也沒人超過他,但卻未獲冠軍,事後他一直不得其解,後來經別人揭發才知道,原來奪冠的法國選手是利用對地形的熟悉繞近路先偷偷到達了終點。

暈頭撞線失冠軍

第4屆奧運會馬拉松比賽,義大利選手皮特一馬當先,但卻在最後200公尺體力不支,幾次跌倒,幾名工作人員扶他到終點,但很不巧暈頭轉向的他從終點外撞了線,結果因為犯規而被取消冠軍。

姿態不美冠軍變亞軍

第1屆奧運會的舉重比賽只有單手舉和雙手舉兩種，而且當時未按體重分級，英國的勞‧伊里亞德在單手舉中以71公斤取勝；在雙手舉中，他也舉起了和冠軍丹麥的維‧強生一樣的重量。但最後他只得了第二名，因為裁判認為他舉重的姿勢太不好看。

不懂規則吃大虧

第10屆奧運會體操比賽，在跳馬自選動作比賽中，日本選手近藤第一次得了25.6分的高分，第二次他採用了相同動作，而且表現的更加完美，這下近藤與教練都以為金牌非自己莫屬。豈料這次只得到了最低的13分，怒氣沖沖的近藤衝向裁判理論才得知，原來兩次不能跳同樣的動作。

煮熟的鴨子飛了

第14屆奧運會馬術比賽，瑞典隊獲得了冠軍卻又被取消了。原來馬術比賽規定參賽隊員必須是軍官，於是他們將下士佩松臨「提升」為軍官，可是粗心的瑞典人在最後一刻忘了為他換軍帽，結果被裁判發現而被取消金牌。

糊塗員警瞎指路

第2屆奧運會馬拉松比賽，瑞典19歲小伙子法斯特本可以取得更好名次的，可是因為巴黎街區亂七八糟，不識路的他偏偏又碰上了一個糊塗員警，這個員警指錯路，讓他多跑了幾分鐘冤枉路，最後只獲得了第三名。而據說

這名員警之後因為內疚而自殺了。

搞錯時間失金牌

1996年中國男子花劍隊本來有希望取得歷史性的突破，在費盡千辛萬苦取得了決賽權之後，卻因為最後搞錯了決賽時間而錯過比賽，眼睜睜看著金牌溜走。

番外篇

用打火機點燃聖火

　　第21屆奧運會閉幕前5天，一場罕見大雨澆滅了聖火，按國際奧會規定將意味著大會閉幕，好在當天賽場休息，整個場地只有幾個工作人員，場地監督趕緊冒雨衝上聖火台，從口袋裡拿出打火機重新點燃聖火，後來這個打火機也被人視為無價之寶。

籃球創始人無錢買奧運門票

　　籃球在第11屆奧運會才被列為正式項目，籃球運動創始人美國人詹‧奈史密斯隻身前往柏林觀戰，但美國奧會拒絕支付其一切費用，可憐的奈史密斯連買張奧運籃球門票的錢也沒有，最後在業餘籃聯的幫助下才看到比賽。

摔獎牌被停賽

　　1992年俄羅斯舉重選手薩馬多夫獲得一面銅牌，因為對第三名不滿，在領獎台上他將獎牌摔在地上，這極不尊重奧運精神的舉動激怒了國際奧會，他被終生禁賽。

選手被抬上桌

　　第14屆奧運會拳擊比賽中，烏拉圭選手阿爾維斯和美國選手德崇索思對

決，然而裁判明顯偏向美國人，錯判德崇索思獲勝而引起觀眾強烈不滿，在一片叫囂聲中把阿爾維斯抬到裁判委員會桌上，裁判員們丟盡了顏面。

身材太矮要求降吊環

第10屆奧運會體操比賽規定的吊環高度是2.5公尺，日本隊多次以「日本運動員身體矮小，跳上吊環有困難」為由要求降低吊環高度，但遭到多數國家反對，最後採納了美國代表提出的「不降低吊環高度，允許教練員幫助運動員跳上器械」的折衷方案。

馬拉松式摔跤

第5屆奧運會的摔跤比賽由於沒有時間限制，因此出現了一場馬拉松式的摔跤比賽。俄國的克列依與芬蘭的阿西卡寧的比賽持續了10小時15分鐘，從早上10點半一直比到晚上11點，觀眾都換了一波又一波，結果耐力更好的克列依終於得到了冠軍。

長明的非法聖火

按照規定，奧運會結束後聖火就要熄滅，然而，有一個聖火卻燃燒了長達20年。

原來，在第18屆奧運會舉行期間，身為東京奧運會火炬守衛員的竹內用金屬手提燈提取了火種，帶回家中，供在前庭，在自家裡燃起了非法的聖火。被發現後，竹內解釋說他只是想讓家鄉的孩子看看這神聖的火焰，但此

舉還是觸犯了奧林匹克規章。

1984年洛杉磯奧運會前夕，竹內的家人在打掃時，不慎將聖火弄滅，這燃燒了長達20年的非法聖火終於熄滅了。

現場舉手報名參賽

第4屆奧運會體操比賽參加人數不限，誰願意參加都行，甚至可以當場舉手報名。結果這屆體操比賽熱鬧非凡，人數最少的隊有16人，最多的竟達60多人，很多觀眾也一時技癢上台過了一把表演癮。

「沉重」的口香糖

在1976年舉行的第21屆奧運會上，美國摔跤運動員法里納賽前秤體重時，指示燈亮了，表明他的體重已超過級別標準，他趕緊脫去背心，可是指示燈沒有滅，他又趕緊把太陽眼鏡扔到一邊，燈仍然沒滅。法里納急了低聲罵了一句，順口吐掉了嘴裡的口香糖，就在這一剎那，指示燈滅了。他轉憂為喜，得意洋洋地走上賽場。這小小的口香糖差點誤了大事！

郵局寄獎牌

第8屆奧運會在各項比賽結束後，都沒有正式宣佈名次，沒有升獲獎選手所屬國家的國旗，閉幕式上也沒有授獎儀式，獎牌是大約運動會結束一個月後透過郵局寄給獲獎選手的。

「自由」至極的自由式

1896年首屆奧運會游泳比賽報名的人很多，參加比賽的人卻很少，200公尺比賽報名9人，參賽者5人，500公尺比賽報名29人，來比賽的只有3人。比賽開始以後，裁判員先用小輪船將選手載離海岸，發令員們看到距離差不多了，就發令讓運動員們往回游，不求泳姿，自由發揮。

第一屆奧運會游泳比賽現場

奧運村旁情人林

1936年柏林奧運會期間，奧運村旁邊有一大片濃密的樹林，在那裡許多漂亮的德國姑娘將她們奉獻給她們看中的運動員，非猶太的白種運動員是最受歡迎的。這些姑娘都會向自己的情人討他們的奧運獎牌，一旦她們懷了孕，她們可以用獎牌來證明自己肚子裡的孩子都是那些在奧運賽場上征戰的運動員的，這樣政府就會負擔所有養育孩子的費用。

罰款換金牌

第11屆柏林奧運會自行車100公尺爭先賽中，德國選手托‧默爾肯斯把車騎出了車道，觀眾認為這下子德國人再也得不到金牌，結果這位德國人不僅沒有被判為犯規，只是交了一筆罰金，金牌仍然是他的。

早期跳水這麼跳

　　早期的跳水比賽不是我們今天看到的樣子，在第三屆才正式列入比賽項目的跳水是這樣比賽的：運動員們站在高台上，不准做任何動作，看誰跳的距離遠，最後由美國人迪基拿到了金牌。

沒有冠軍的比賽

　　1912年的奧運會摔跤比賽中，進入82.5公斤級決賽的是瑞典的安德斯・阿爾葛蘭和芬蘭的伊瓦爾・伯林，兩個人實力相當，打得不可開交。然而，當時的比賽並沒有規定時間的長短，只以能夠把對方摔倒並使其雙肩著地為判斷依據。結果，兩個人比了9個小時之久，還是不能分出勝負，最後只好由大會商議決定讓兩人並列第二名，金牌從缺。這是奧運史上迄今為止僅有的一場沒有冠軍的比賽。

搭計程車得金牌

　　第三屆奧運會馬拉松比賽中，美國人洛茨跑到12公里處突然腿部抽筋，疼痛難忍的他叫了一部計程車奔往終點，到了17公里處他跳下車又跑起來，並且第一個到達終點。一時間掌聲響起，國歌奏響，總統的女兒也奔向他，給了他一面金牌。最後被人揭發而被剝奪金牌的洛茨辯解說，我是來拿衣服的，一進場就受到那麼熱烈的歡迎。我根本來不及辯解。

第三屆馬拉松比賽現場

我國歷屆奧運得獎紀錄

屆次（年份）	地點	獎牌	得主	紀事
17（1960）	羅馬	銀	楊傳廣	10項全能運動與美國選手強生展開激烈對決，最後以8,334分獲得銀牌。
19（1968）	墨西哥	銅	紀政	80公尺低欄以10.4秒獲得銅牌。為我國奪得奧運獎牌的第一位女性運動員。
23（1984）	洛杉磯	銅	蔡溫義	60公斤舉重項目以抓舉125公斤、挺舉147.5公斤，總和272.5公斤的成績榮獲銅牌。
23（1984）	洛杉磯	銅	中華棒球隊	表演賽
24（1988）	漢城	金	陳怡安	表演賽
24（1988）	漢城	金	秦玉芳	表演賽
25（1992）	巴塞隆納	金	羅月英	表演賽
25（1992）	巴塞隆納	金	陳怡安	表演賽
25（1992）	巴塞隆納	金	童雅琳	表演賽
25（1992）	巴塞隆納	銀	中華棒球隊	中華隊於決賽中一勝（日本）一負（古巴），獲得銀牌。
26（1996）	亞特蘭大	銀	陳靜	桌球女單獲得銀牌

屆次（年份）	地點	獎牌	得主	紀事
27（2000）	雪梨	銀	黎鋒英	女子53公斤級舉重，總和212.5公斤的成績獲得銀牌。
27（2000）	雪梨	銅	陳靜	桌球女單獲得銅牌
27（2000）	雪梨	銅	郭羿含	女子75公斤級舉重，以總和245公斤的成績獲得銅牌。
27（2000）	雪梨	銅	黃志雄	男子跆拳道第一量級
27（2000）	雪梨	銅	紀淑如	女子跆拳道第一量級
28（2004）	雅典	金	陳詩欣	女子跆拳道49公斤級
28（2004）	雅典	金	朱木炎	男子跆拳道58公斤級
28（2004）	雅典	銀	黃志雄	男子跆拳道68公斤級
28（2004）	雅典	銀	劉明煌 王正邦 陳詩園	男子射箭團體賽
28（2004）	雅典	銅	袁叔琪 吳蕙如 陳麗如	女子射箭團體賽成績242分，是我國射箭史上第一面奧運獎牌。

國家圖書館出版品預行編目資料

叫我第一名／馬德安編著
－－第一版－－台北市：知青頻道出版；
紅螞蟻圖書發行，2009.04
面　　　公分
ISBN 978-986-6643-67-5 (平裝)

1.運動員　2.奧林匹克運動會　3.傳記
528.914099　　　　　　　　　98004123

叫我第一名

編　　著／馬德安
美術構成／林美琪
校　　對／周英嬌、楊安妮
發 行 人／賴秀珍
榮譽總監／張錦基
總 編 輯／何南輝
出　　版／知青頻道出版有限公司
發　　行／紅螞蟻圖書有限公司
地　　址／台北市內湖區舊宗路二段121巷28號4F
網　　站／www.e-redant.com
郵撥帳號／1604621-1　紅螞蟻圖書有限公司
電　　話／(02)2795-3656（代表號）
傳　　眞／(02)2795-4100
登 記 證／局版北市業字第796號
數位閱聽／www.onlinebook.com
港澳總經銷／和平圖書有限公司
地　　址／香港柴灣嘉業街12號百樂門大廈17F
電　　話／(852)2804-6687
新馬總經銷／諾文文化事業私人有限公司
新 加 坡／TEL:(65)6462-6141　FAX:(65)6469-4043
馬來西亞／TEL:(603)9179-6333　FAX:(603)9179-6060
法律顧問／許晏賓律師
印 刷 廠／鴻運彩色印刷有限公司
出版日期／2009年 4 月　第一版第一刷

定價 240 元　港幣 80 元

ISBN 978-986-6643-67-5　　　　　　Printed in Taiwan